让教育回归本来的样子

"新班级教育"的"世纪"叙事

谭鹏飞 ◎ 编著

文汇出版社

图书在版编目（CIP）数据

让教育回归本来的样子："新班级教育"的"世纪"叙事 / 谭鹏飞编著. — 上海：文汇出版社，2024.1
ISBN 978-7-5496-4196-3

Ⅰ.①让… Ⅱ.①谭… Ⅲ.①小学—学校管理—研究 Ⅳ.①G627

中国国家版本馆CIP数据核字（2024）第012927号

让教育回归本来的样子

谭鹏飞 / 编著

"新班级教育"的"世纪"叙事

责任编辑 / 汪　黎
装帧设计 / 六艺教育
封面设计 / 李雪萌
出版发行 / 文匯出版社
　　　　　　上海市威海路755号
　　　　　　（邮政编码200041）
印刷装订 / 杭州罗氏印刷有限公司
版　　次 / 2024年1月第1版
印　　次 / 2024年3月第2次印刷
开　　本 / 787×1092　1/16
字　　数 / 226千
印　　张 / 19

ISBN 978-7-5496-4196-3
定　　价 / 105.00元

序

家家门口都有好学校，是人民群众最迫切的愿望，也是老百姓对教育共富最朴素的理解。所以，让每一个孩子公平地接受优质教育，是教育改革发展的内在要求，更是共同富裕的题中之义。

站在气势恢宏的"杭州之门"口，北眺，是"日月"同辉的钱江新城；南望，见"莲花"闪耀的钱江世纪城。正是钱塘如此多娇！然而，谁承想，世纪城真正建城不过20年。

这20年，在"八八战略"指引下，萧山开启新一轮高质量发展。年轻的钱江世纪城作为萧山深度融杭的"桥头堡"，将"高质量"发展首先着力于教育、医疗等民生领域。全面推进区域教育集群发展，打造多形式名校集群是主要形式之一。于是，名校被引进来了，像杭二中萧山校区、学军中学附属文渊中学、崇文实验学校世纪城万科校区（今萧山区崇文世纪城实验学校，以下简称"崇文世纪城"）等纷纷落户。

萧山，总是以"教育改革者"的角色出现。

百年前，陶行知先生在萧山创办湘湖师范学校，注重乡村教育的理念，并做了创新与改革。新世纪，萧山教育筑巢引凤，引进"崇文"教育品牌，以"新班级教育"为乡村美好教育赋能。

一场以"学习时空重构"为要义的"新班级教育"课程改革实验，在崇文世纪城真实发生着。学习时间和空间作为学习环境的关键要素，是撬动学校系统变革的重要抓手。崇文世纪城通过学习时空重构，让学校成为一个功能叠加的教育综合体，让学生成为学习时间的主人。正如俞国娣校长所言，"每个孩子都有差异，块状时长设置和多维空间整合，更有利于锻炼孩子的身心，助力个性化发展。"

细细翻看手中这本《"新班级教育"的"世纪"叙事》，崇文世纪城办学五年，"学习时空重构"课程改革五年的种种过往令人欣慰。字里行间，我触摸到的，是崇文教育理想与教师信仰的温度与力量；我看到的，是每一名崇文世纪城的教师都在以最饱满的激情与热爱守望成长，每一名世纪海燕都能各自出彩、阳光而自由地生长。这是教育未来的样子，也是教育本来的样子。

从崇文世纪城，这种面向未来、回归本来的教育，也在辐射、改变着萧山教育的模样。破题城乡教育不均衡问题，很多时候也需要"时空重构"，就能看见更多"美好"。

比如劳动教育，崇文世纪城顶楼是种植基地，地下空间是科技智慧的数字大脑——这样的安排，给劳动教育插上了科技的翅膀。同属"世纪教育联盟"的萧山世纪实验小学，也将种植基地、农具展做了楼顶与地下车库的垂直打造。某种角度看，这是"空间改造"问题，也告诉我们，城乡教育之变要跳出传统观念的束缚。随着城市化进程的加快，农村学校优质师资与生源向城市流动的速度在加快，这不可避免，但"小而美、小而优、小而精、小而特"或许可以重组乡村美好教育。

2022年，崇文世纪城实验学校完成办学体制转型，正式成为萧山教育公办小学中的一员。学校性质虽变，但办学品质不变，"崇文尚德"初心相连。学校一如既往，继续探索"新班级教育"，为每一个孩子创造快乐成长的优质教育环境；继续充分发挥崇文品牌教育的优势，致力打造公办学校的优秀样板，助力萧山教育高质量发展。

百舸争流，奋楫者先。

党的二十大报告指出，"高质量发展是全面建设社会主义现代化国家的首要任务。"高质量是经济领域追求的目标，同样是萧山教育所要努力的方向。回首"八八战略"实施的20年，是萧山教育发展史上最好的时期，推动萧山教育站上了新的历史起点。崇文世纪城从无到有，从有到"优"，从个体发展到辐射一域，正在成为萧山教育"高质量"发展的"排头兵"，带动萧山教育"世纪"新高地的呈现。

我相信，崇文世纪城必将继续勇担"为党育人、为国育才"使命，以奋斗的姿态，为萧山教育书写高质量全面育人的"世纪新篇"。

是为序。

萧山区教育局党委书记、局长

2023年10月

・序 / 3

The Prelude　序曲
拨弦："新班级教育"的均衡尝试（1599年至2014年12月12日）

述评一　崇文尚德：让更多孩子受惠于"新班级教育" / 2

故事1　守望教育的诗和远方——俞国娣和"新班级教育" / 10

故事2　从"初见"到"看见"——谭鹏飞和"新班级教育" / 22

Act 1　行进的快板
潮涌："新班级教育"的一种新可能（2014年12月13日至2018年8月31日）

述评二　世纪之作："新班级教育"在城市发展中的一种新尝试 / 42

故事3　给孩子一个惊喜 / 47

故事4　重构学习时空，为未来而建 / 59

故事5　今年暑假不放假 / 67

故事6　追随・融入・成长 / 73

Act 2　抒情的中板
筑梦："新班级教育"的一场新变革（2018年9月1日至2022年7月31日）

述评三　梦想起航：让教育回归本来的样子 / 90

故事7　党旗下的成长 / 118

故事8　爱心环保　世纪接力 / 127

故事9　时空重构：聚焦学习变革 / 136

目 录

故事10　"包班"教师的一天 /143

故事11　时空重构下的跨学科主题活动与大单元教学 / 151

故事12　特色凸显的专题课程 / 157

故事13　编织当科学家的梦想 / 166

故事14　闪电乐跑团 / 174

故事15　我与大师面对面 / 186

故事16　希望的田野 / 194

故事17　"新班级教师"和她的班级进阶/ 203

故事18　奔跑的"星" / 211

故事19　成长变奏曲 / 216

故事20　让每一个孩子都自信出彩 / 221

故事21　我们的孩子我们共同教育 / 232

故事22　书香崇文，阅读人生 / 242

故事23　携爱抗"疫"，学不停步 / 252

Act 3　活跃的回旋
融合："新班级教育"的一段新征程（2022年8月1日至今）

述评四　未来已来：共赴下一场"新班级教育"/ 260

故事24　平稳"转公"，保持先进 / 265

故事25　团队的夏天 / 271

故事26　与同伴携手共进 / 278

故事27　"萧山第一"群 / 285

故事28　教育均衡更向深处行 / 289

·后　记 /295

The Prelude 序曲

拨弦：
"新班级教育"的均衡尝试

| 1599年至2014年12月12日 |

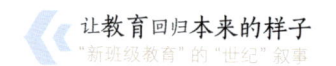

崇文尚德

让更多孩子受惠于"新班级教育"

> 爰是依船作屋，借湖为场。小艇恰受三人，扁舟各当一队。墨兵交错，静蠻龙虎之文。水战纵横，纷结鹤鹅之阵。意涌而游鱼欲出，思飘而放鹤俱飞。笔峦颖竖，则双峰疑低。砚海涛翻，则两湖欲黑。于时青山衔日，绿水凌风。画舫止于中央，小船出乎别浦。诗正易奇，各思建鼓。马迟枚速，咸待鸣金。挥兔万言，在昔何劳数谢。倚马五版，于今不得推衷。溯游溯洄，山光与水光相接。一觞一咏，人影将鸟影皆还。

以上文字出自崇文书院弟子吴雯清、胡文学、叶生、方时、程光湮、潘光世六人联名所写《西湖舫课征文启》，以瑰丽的想象描绘了数百年前西湖上一种奇异的授课形式——舫课。课中人不知道，正因有如此别出心裁的授课方式，"崇文舫课"成为清代西湖二十四景之一。

在欸乃桨声中，崇文舫课划开一段历史的烟波：

明万历二十七年（1599），两浙巡盐御史叶永盛在杭州视察盐务期间，发现许多盐商子弟因户籍在外省，不能在杭州府学读书进仕。叶御史认为如此不利于人才的发现与培养，于是一面向朝廷奏请给外地盐商特立户籍使盐商子弟能入学攻读，一面在西湖苏堤跨虹桥边借别墅为

旧时西湖上的"崇文舫课"一景

盐商子弟办起讲堂。因为学生上学路途遥远，交通仅靠小船。叶永盛便以小船为游动的书斋，就有了舫课。叶永盛离任后，盐商们集资买下湖边别墅，更名为"紫阳崇文书院"，后改称"崇文书院"，崇文舫课依旧。1705年，康熙皇帝巡视杭州，来到崇文书院，为书院题写"正学阐教""崇文"二匾。此后，崇文书院名闻遐迩，与敷文（万松）书院、紫阳书院、诂经精舍并称杭州四大书院。

崇文，即崇尚文德教化和重视教育之意。400多年前，叶永盛先生创办崇文书院，为的是让盐商子弟得到公平的教育；21世纪以来，杭州市崇文实验学校、崇文世纪城实验学校先后在钱塘江两岸开办，崇文教育"拥江发展"，让新时期的孩子不再因户籍学区的限制而失去选择优质教育的权利。

崇文尚德，初心相连。

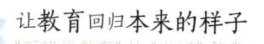

○ "有学上"与"新班级教育"萌芽

教育是国之大计，是民族振兴、社会进步的基石。义务教育作为我国教育事业基础中的基础，历来就是国家发展战略的"重中之重"。

1986年4月12日，《中华人民共和国义务教育法》颁布实施，明确规定"我国实行九年制义务教育"。普及九年义务教育，让每一个适龄儿童都"有学上"，成了我国在20世纪90年代重要的战略任务。当时社会各界积极集资办学、捐资助学，掀起了一股"民办学校"的浪潮。随着中共中央、国务院《中国教育改革和发展纲要》和《杭州市民办中小学管理条例》的先后出台，杭州民办中小学如雨后春笋般发展起来，实行市内跨学区或跨地区招生，探索实践多样化的办学模式，为更多的适龄儿童解除了"户籍学区"的入学限制。

2001年5月，国务院发布《关于基础教育改革与发展的决定》等重要文件，着重强调打好贫困地区"普九"攻坚战，进一步强调巩固一般

2002年，杭州市崇文实验学校落成启用

地区"普九"成果，同时明确强调大中城市和经济发达地区要提高"普九"质量。在这一年11月，全国第一所专门为"小班化教育"设计、立志成为国内义务教育优质标杆的国有民办学校，在钱塘江北岸破土兴工。次年，杭州市崇文实验学校（以下简称"崇文实验学校"或"崇文"）落成启用，一项被国内教育权威评价为具有革命性意义的教育科研项目——"新班级教育"拉开大幕。

"上好学"追求下的"新班级教育"实验

在21世纪第一个十年的倒计时中，我国"普九"攻坚战取得全面胜利，全国"两基"人口覆盖率达到100%，城乡九年制义务教育实现全面普及——自清廷探索建立新学制时就萌芽的义务教育梦想，终于在新世纪的中国百年梦圆。

全国"普九"任务的完成，标志着我国从一个文盲大国、人口大国实现了向教育大国、人力资源大国的历史性跨越。然而，在解决了"有学上"问题的同时，一系列迫切需要回答的新问题随之而来："普九"之后，义务教育该走上什么样的发展之路？

当时，在世界范围内，追求普及之上的均衡是义务教育发展的基本路径。而处于转型期的中国社会，一方面对公平抱有极大期待，另一方面不得不正视教育发展在区域、城乡和学校间存在的客观差距。面对这一关系国家未来的时代命题，党的十七大报告首次提出"义务教育均衡发展"思想，要"促进社会公平正义，努力使全体人民学有所教"，办好每所学校，让每个孩子都"上好学"，让每个家庭都能享受教育的福祉。

从中央到地方，从沿海到内地，从城市到农村，推动义务教育均衡发展成为各级政府和教育管理部门的共识。2012年，国务院《关于深入

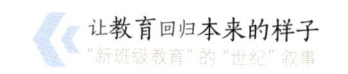

推进义务教育均衡发展的意见》印发，为义务教育实现更高水平、更高质量的发展注入强大动力。在这一政策取向下，努力办好每一所学校，教好每一名学生，全面提高义务教育质量，推进义务教育均衡发展正成为一种生动的教育改革发展实践和一幅壮丽的时代画卷。

这一年，崇文的"新班级教育"实验走过十年。

十年磨一剑，在校长俞国娣的带领下，崇文的"新班级教育"深入学校教育的各个层面，给了学生"新班级生活"：把课程的选择权还给了学生，让每一名崇文小海燕（"海燕"是崇文对学生的昵称）都能在学校各色专题活动课程、丰富的社团选修课程，以及各类仪式课程中找到自己翱翔的天空，逐步成长为"合格+特长"的小学毕业生；把班级和自我的管理权还给了学生，班级设置多样化小组，人人有岗位的设置使得每一名小海燕都要学会自我负责、承担责任，学会做一个有责任感的小公民。从一所周边名校林立、招生危机重重的薄弱学校，成长为浙江省小班化教育领军学校，"新班级教育"不仅让师生获益匪浅，也让崇文教育成为优质教育的代名词——"新班级教育"就是崇文教育。

让更多孩子受惠于"新班级教育"

从西湖上的舫课，到钱塘江畔的"新班级教育"，"崇文尚德"的精神一直在传承和延续着。在引领学校取得高质量发展的同时，也推动着学校积极致力于"新班级教育"思想的推广和转化，以期为更多的学校和教师所接受，进而辐射更多的儿童。时任浙江省委书记习近平同志在视察杭州崇文实验学校时，充分肯定了学校的"新班级教育"研究，也提出"希望'新班级教育'让更多的孩子受惠"。

普惠，才能真正实现义务教育均衡发展。2012年，国务院《关于深

崇文"新班级教育"实验走过十年，
每一个孩子都得到了适性发展

入推进义务教育均衡发展的意见》明确指出，推进义务教育均衡发展，要"总体规划，统筹城乡，因地制宜，分类指导，分步实施，切实缩小校际差距，加快缩小城乡差距，努力缩小区域差距"，强调"扩大优质教育资源覆盖面。发挥优质学校的辐射带动作用，鼓励建立学校联盟，探索集团化办学，提倡对口帮扶，实施学区化管理，整体提升学校办学水平。推动办学水平较高学校和优秀教师通过共同研讨备课、研修培训、学术交流、开设公共课等方式，共同实现教师专业发展和教学质量提升"。

在城市学校教育日新月异、突飞猛进的时候，乡村学校教育相对落后。崇文不忘使命担当，对"新班级教育"进行完善的同时，也在积极助力乡村教育的实践探索——

崇文小海燕奔跑向未来

　　乡村教育的关键在教师，只有乡村教师的能力和素质提高了，乡村教育的质量才能提上去。崇文认识到乡村教师对于乡村教育发展和改革的重要意义，积极致力于乡村教师的结对帮扶和乡村学校管理团队的提升，连续举办8届"崇文开放周"，邀请全国的专家和优秀教师参与，为结对乡村学校教师提供免费学习、展示的平台。

　　城乡学生交流是城乡学校共同发展的重要内容，也是促进乡村学生开阔眼界、提升自身成长的重要渠道。为此，崇文开发了"城乡儿童崇文一周行""城乡儿童夏令营""同在蓝天下"等一系列经典活动，积极推动城乡学生交流与共同成长。同时，崇文还开展"冬日暖阳""废纸换图书"等捐赠活动，一个个"爱心包"给山区里的孩子送去了冬日阳光般的温暖，一间间"崇文书院图书室"在崇文学生的爱心传递中相继诞生，给乡村孩子插上了阅读的"翅膀"……

苏堤跨虹桥畔，画角声声吹响，400年的"崇文尚德"精神历久弥新，千里传音。2014年12月12日，杭州市萧山区教育局、杭州市上城区教育局、杭州市萧山钱江世纪城管理委员会、杭州万科房产共同签署战略合作协议，开展跨区域教育项目合作，实现区域优质教育资源共享，将"崇文"教育品牌输出到萧山，由杭州市崇文实验学校领办崇文世纪城实验学校（以下简称"崇文世纪城学校"或"世纪崇文"）。

跨过钱塘江，于崇文是追求教育公平的一次突破，更是"崇文尚德"的继往开来。"新班级教育"期待在钱塘江两岸形成呼应之势，拥抱更多渴望优质教育的孩子。

寻书院旧址，秉崇文尚德

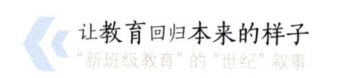

故事1

守望教育的诗和远方

——俞国娣和"新班级教育"

1986年的7月,对许多刚刚离开学校,即将走上讲台的师范毕业生而言,是个充满了梦想与希望的时节。那一年的春天,《中华人民共和国义务教育法》颁布实施,标志着我国确立了普及义务教育的制度,我国基础教育即将迎来迅速发展的"春天"。

俞国娣教师生涯的起点就在这个"春天"里。

那个蝉鸣阵阵的傍晚,太阳刚刚偏西,拿着介绍信的师范毕业生俞国娣到天长小学报到,遇见了事业的引路人——杨明明老师。没正式拜师,杨明明成了俞国娣一生的良师益友。在天长教学的日子,只要有杨明明老师的课,俞国娣就会坐到最后排旁听。她说,从杨老师身上学到要"对教育执着""不忘初心,砥砺前行""课比天大"——这些都不是口号,而是一种常态。初为人师时的指引,成为她日后对待工作的准则。

从教30余年,经历了6所学校,从教师到教导主任、副校长,再到校长,一路走来,作为俞老师,她执着于用一生干好教书育人这一件事;作为俞校长,她执着于"让教育回归本来的样子"。

俞国娣和她的第一届学生，1987年西山公园（今杨公堤）春游

□ 初心，尊重每一名学生的个性发展

俞国娣和崇文的缘分是从2003年开始的。这一年，杭州市崇文实验学校刚成立一年，"新班级教育"的大幕方才开启，35岁的俞国娣调任到此担任校长。

年轻的崇文，碰上年轻的校长，似乎可以迸发出无限可能。俞国娣校长在绘就崇文发展蓝图时，始终谨记：教育的初心、崇文的初心！从西子湖上的那人那课那书院，想到眼前的师生与校园，俞国娣认为，理想的教育应该从学生的需求出发，探索一种更尊重学生个性发展的教育模式。崇文是浙江省最早进行小班化实验的学校，"新班级教育"就是在小班化基础上进行的探索，要让"崇文舫课"这种快乐、个别化的学习得以延续和传承，让"崇文尚德"真正镌刻在崇文学子的心间。

"新班级教育"以"课"为活动单元，但不完全被"课"限制时间和空间；有相对稳定的教学内容，但有一定的灵活性，充分照顾到学生的个体差异；能让学生感受到真正的集体，感受到学习任务差异带来的同伴交往与合作的快乐——这种活动的分工与合作，才真正体现了"因

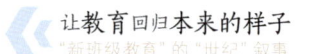

材施教"的教育原则。

对刚从幼儿园升至小学一、二年级的学生来说,顺利转变角色至关重要,因为良好的学习习惯关系到整个小学阶段乃至更长远的发展。为此,俞校长大胆地在崇文推行了"包班协同"的教育模式。每个班级都由两位班主任共同负责五门必修课的教学,只要他们对某个学科或活动共同感兴趣就可以"协同"教学。在包班教育下,两位教师根据各自能力与兴趣负责主讲部分课程,所有课程都由两人合作完成。不仅如此,这两位班主任既是教师又是"保育员",不仅在教室上课,还在教室里备课、批改、辅导、谈话,最大限度地陪伴处于适应期的学生,及时发现他们的问题和需要。

而对中高年级学生来说,随着学科专业性的提高,一位教师难以胜任多门学科的教学,于是崇文回归分科教学。不过,俞校长追求"适合教育"的步伐并未停止,实施了分层走班教学。比如学生走班,学生可根据自己的学科水平自主选择A、B、C层级,分班让4~6位教师进行授

俞国娣校长给崇文小海燕做春游前讲话

课；又如教师走班，多位教师共同执教多个班级，学生可以选择适合自己的老师，"亲其师"才能"信其道"。

但万事开头难。回忆起那段过往时，俞校长曾坦言："刚创办崇文的时候，压力非常大。周围的公办学校太强大了，我们只能不停地去宣讲，一次又一次地做招生说明会。崇文刚起步时就在低年级实行包班教育，一、二年级所有学科都由两位老师包班，家长担心这样做是不是科学，包班教学，至今杭州也只有崇文在做。在我们眼里，没有差生，只有个性不同的孩子，我们希望通过整合课程的方式，让更多学生受益。"这无疑是一段道阻且长的远途，俞国娣觉得，教书育人，要把目光看得远一点儿。"在包班教育下，师生间的沟通非常通畅，关系也变得平等亲密，更加利于孩子的成长。"俞校长说。

2021年，教育部印发《关于大力推进幼儿园与小学科学衔接的指导意见》，强调小学"应树立衔接意识，转变让儿童被动适应学校的观念做法，积极倾听儿童的需要，主动了解幼儿园教育特点，以促进儿童身心适应为目标，调整一年级的课程教学及管理方式，创设包容和支持性的学校环境，促进儿童以积极愉快的情绪投入小学生活"。这一事关小幼科学衔接的"国家方案"也力证，"新班级教育"一、二年级的"包班教学"，无疑是幼儿园与小学衔接中甚为理想、令人向往的一种模式。

改革，让教育回归本来的样子

在不断深化的教育改革中，俞国娣被视为校长典范。对"包班教育"的大胆尝试，对"因材施教"的深刻解读，为俞国娣赢得掌声和关注，也让崇文成为杭州乃至浙江的教育改革高地。说到崇文，便会将其与包容、开放的精神紧紧联系在一起。

著名媒体人俞柏鸿对俞国娣的印象是：有思想，有观点。作为特邀评论员，俞柏鸿参加了不少民生访谈节目，但凡遇到教育的话题，与他同台的嘉宾常常是俞国娣。"当时俞校长还比较年轻，但是观点已经很有深度，敢想敢言。"早在十几年前，俞柏鸿就有一种直觉，"她会成为最优秀的校长之一。"

在外界看来她是果敢干练的，但回到崇文的校园里，在方寸讲台之上，师生眼中的俞国娣，依旧是一位温柔的老师，一位温润的改革者。她深谙，改革需要冲劲，但冲劲不是表面上的风风火火，而是源自内心的坚守——以人为本，找到教育规律，以最恰当的方式与学生们相处。

期冀"让教育回归本来的样子"，俞国娣为此事必躬亲，付出了不遗余力的努力。有一件事让我印象深刻。2017年1月，在杭商传媒和杭州电视台主办的首期《talk分享会》录制现场，俞国娣分享了她的新年愿望，她说："2017年，我最大的愿望是给家长朋友们减重，希望家长朋友们减下负担。我和不少家长交流，很多家长都说最大的负担是签名。那么，2017年可不可以做点儿改变？我想做出一项倡议，倡议家长朋友们，孩子的回家作业本拒绝检查，拒绝签名。"这一倡议，迅速成为2017年初杭州教育界乃至全国热烈讨论的话题。

我曾经问过俞校长，为什么会在当时做出这样的倡议。她说："之所以提出这项倡议，是因为我刚当老师那会儿不是这样的，学习是学生自己的事情，为什么要让家长参与进来呢？我印象中，家长给孩子的作业本签名是20世纪90年代末出现的，到2000年后，似乎变成了一件很正常的事。很多人都觉得，家校沟通，要从作业本开始，这是一个误区。好的传统要继承，而偏离了教育本来的样子的做法，应该纠正。"

事实上，长期以来，崇文的大部分老师都不会让家长在作业本上签名，倡议正式提出后，得到了全体崇文老师积极响应。这对俞校长来说是无限的支持和信任。她说："作业管理，对学校和老师来说是一项挑战。这么多年来，崇文有一项规定，凡是在家长群给家长布置作业的老师，在评优评先时，一票否决，但如果是学生考不好，不会扣老师一分钱。学校有底气这么做，是因为相信团队的力量，就算作业少做一些，也不会影响成绩。"

不仅管学生的作业，学校还会管学生的课外培训班多不多。孩子一周的培训班超过四个，学校就会关注了。老师先找家长谈，家长如果一直不肯减少的话，校长也会找家长聊一聊：在外面上那么多培训班，是不信任我们学校吗？俞校长举过一个孩子的例子："曾经有个家长，他们孩子对创客特别感兴趣，但父母觉得还不如多做几道数学题，我就劝他们，放手让孩子去弄创客。这个孩子后来一个培训班都没参加。有次考试考了第一，孩子妈妈特别激动，给我发信息说她信我了，我的目的就达到了。"

伴随着家长的"减负"改革深度推行，孩子们的自觉意识不断增强。而为了给家长"减负"，崇文的一些做法具体而细致。俞校长说："我来崇文后，花了五年的时间进行制度建设，我们有教师公约，有家长公约，都是老师们在实践后总结出来的宝贵经验。比如交接班时新班主任要知道每名学生的好朋友是谁，孩子平时听谁的话，不能说前任老师任何不好的话。再比如记录学生的学习报告时，每堂课的发言次数都要详细记载。这样的细节，老师们当时整理了300多条。"

"改革不是用新奇提法去吸引眼球，而应一切以学生的发展为出发点，做真正对学生好的实事。改革之路，即便成果的到来缓慢如滴水穿

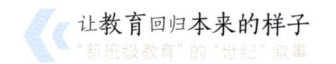

石，也必须坚持。"俞校长如是说。

筚路蓝缕二十载。俞校长带领崇文进行的"新班级教育"改革终于取得了令人瞩目的成果，其间，她曾多次遇到让她离开老本行的机会与诱惑，不过她没有动摇。她时常会回想起当初教过的小学一年级课文《小猴子下山》：小猴子下山后见一样爱一样，玉米、桃子、西瓜统统扔掉了，小兔子也没追上，最后空手而归。俞校长笑言，"要吸取小猴子的教训，不过我们这一辈人的想法是干一行爱一行，爱一行专一行。我既然选择了教育这条路，就要专心致志地做好一辈子的教育，做人纯粹一点儿好。"

▢ 尊重，是一切教育的起始

从教五年半，俞国娣就从一名普通老师调任紫金观巷小学担任副校长兼教导主任，走上了管理岗位。那时的她，虽年轻气盛，但心里也会打鼓，不知该如何担任这个角色。如今，她庆幸于走上管理层的机遇，一直未忘初心，兢兢业业地摸索前行。她的睿智与敏感，淡然与沉着，全都来自多年教育一线的亲力亲为，在与孩子们的教学相长中，成为受人尊敬的名师、名校长。

在崇文，同事们亲切地称呼她为"女神"，其迷人之处在于举重若轻，平淡中见真知。作为俞校长的继任者，在她的身上，我学到了太多的智慧。最核心的，便是尊重。

——尊重孩子。面对学生，她扮演的角色是"母亲"——与孩子平等交流，在倾听与交流中读懂孩子。"我想做妈妈也是这样，聆听孩子，疏导孩子，走近孩子。"崇文的每名学生都是小海燕，学生们把崇文当作一个锻炼羽翼的地方，在这里成长、历练，翱翔天际。爱学校、很快乐、有自信、爱探究、会合作、善交往、有特长、重环保、懂感恩成为他们的特质。这也正是"新班级教育"培养学生的核心要义。"小学是基础教育，要打好人生的底色，当每一个孩子都有规则意识，爱阅读，爱运动，他们的人生底色一定是亮丽而丰盈的。"这是俞国娣真挚的表达。

——尊重教师。对待教师，她着力培养师德师风，培养教师的使命感、责任感，完善教师发展的制度建设，建立"五维评估制"，助推教师专业发展。同时，让教师参与到学校的民主建设中来，参与制度的讨论制定与重大事项的决策，充分尊重教师的话语权……身为一校之长，俞校长首先让自己成为学校里的符号，为全校师生做出示范。在崇文，学生和老师都有自己的校服，他们以穿上这一身衣服为荣。这一群群行走的符号整整齐齐，仿佛一道亮丽的风景线。有人可能不知道，俞校长始终严格要求自己，在校时间从来都是一身得体的职业装。甚至，她一直穿着五年前的款式，甚为偏爱。"有些年轻教师曾抱怨，自己的漂亮衣服都没机会穿，那我就做个示范，每天如一穿校服，一样大气得体，慢慢去影响老师们。"

"校长"一职意味着什么？对此，俞校长有一番诗意的解读，时常萦绕在我耳畔——

> 校长要敢于以学校的总设计师自居，这是一份不容推脱的责任；要像一个演说家，必须让教师们理解；要有一定的号召力；同时，还要像一位诗人，有时有点儿浪漫情怀，由一个水滴想到一朵浪花，由一朵花想到整个春天……

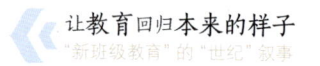

守望，由一朵花想到整个春天

著名教育家吕叔湘说，教育近乎农业生产，绝非工业生产。俞校长就像一位青青麦田的守望者，用爱育苗，精心呵护希望的种子，期望耕耘出一片城乡教育均衡发展的烂漫花园。

俞国娣的童年是在绍兴农村度过的，她常常会和我们讲小时候的家和在乡村度过的童年。

我出生在绍兴福全山，一个小乡村，村里有一条清澈的河流从远方缓缓而来，到了我家门口转了一个弯，又向新的远方奔去。水不深，清澈见底。我们在小河里洗衣服、洗菜、淘米……米粒掉下来，小鱼哗一下聚拢过来，在脚边游来游去，捡米粒吃。

爷爷奶奶有三个女儿、两个儿子。爸爸是老大，成家后生了我们三姐妹。一个大家族，十几口人都在一口锅里吃饭。每天吃饭前，小孩子负责摆碗筷，摆得整整齐齐的，大人一桌，小孩一桌，其乐融融。家人之间讲话，从来都和颜悦色，喉咙梆梆响都不会有，更不用说吵架了。

那时候，村里的孩子们都爱在溪水清流中玩闹。但俞家家风严谨，女孩在大庭广众玩水是不被允许的，所以，我和姐姐妹妹更多的时候是宅在家里看书。阅读的种子便在那时候种下了。

农村重男轻女，但爷爷奶奶，还有爸爸妈妈，从来没有嫌弃过我们，反而以我们为荣，非常疼爱我们。我爸爸是老高中生，妈妈读过卫校，算是村里比较有文化的人。爸爸的工作是邮递员，走路一家一家去送信。他不是党员，但每次党员会都在我家里开，因为需要我爸爸帮忙念党章。1973年下半年，十大修改党章，党员经常在我家学习党章。党员们自己带小板凳来，坐在一楼客厅里。爸爸念党章的时候，我搬个小板凳，乖乖坐在旁边，也拿一本党章。爸爸念，我就跟着读，读着读着就会了。我非常喜欢读书，看到有字的东西都拿来读。爸爸看我喜欢认字，就给我买了人生第一本字典——《四角号码字典》。上了初中，爸爸又斥五元五角"巨资"给我买了一本《现代汉语词典》。当时，农村一个劳动力一年的工分也就二十来块钱，我们读书一年的学费只要几毛钱。那个时候，村里的老师都没有字典呢！虽然生在一个农民家庭，但我们姐妹从来不用为缺少学习用品发愁，爸爸总会提前为我们准备好。到了用钢笔的年纪，爸爸还给我们买了最好的"英雄"牌。

从小养成的学习与阅读的习惯，给了我受用终身的快乐。到现在，我依然每天都要看书，基本上一周看完一本书。腹有诗书气自华，崇文实验学校的孩子从一年级开始，就每天早上有经典诵读。日积月累，六年下来，崇文孩子就会背很多古诗词。我希望，崇文的孩子们，在日复一日的诵读中，在心中种下一颗文学的种子。崇文的图书馆，藏书超过10万册，孩子们可以随便借阅。

淳朴的乡村与和谐的家庭，给予俞国娣终生成长的爱和能量。传递爱和能量，让更多的乡村孩子也能享受到学习与阅读的快乐，成为俞校长在能力所及的范围内坚持的理想。

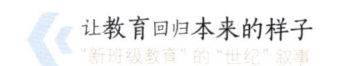

从2009年开始，每逢六一国际儿童节，俞国娣都会组织崇文小海燕带着自家藏书爱心捐赠，为偏远乡村学校设立"崇文书院"图书馆；此外，她带领学校和格桑与兰公益基金会合作开启了"冬日暖阳"活动，崇文的小海燕们用"爱心包传递"的形式，在杭州和四川、西藏等地架起了一座座爱心桥、友谊桥。

不止于此！

作为一名在乡村教育中成长起来的教育工作者，俞国娣带领崇文研究乡村学校面临的问题与困境，也看见乡村小规模学校的可为与可能。从结对乡村学校教师开始，到提升乡村学校管理团队，一步步地，她和崇文人努力探索"新班级教育"在乡村学校实施的路径，以期为乡村地区薄弱学校构建"专道"，通过打造乡村样板学校，实现"一校带一地"发展，让"新班级教育"改革成果惠及更多乡村地区教学力量薄弱学校的孩子，让乡村教育不只停留在远方。

随着城市发展，俞国娣将目光投向了钱塘江南岸的那片城乡接合之地。

崇文小海燕为乡村学校捐赠图书

俞国娣校长与崇文小海燕

21世纪以来，萧山成为市辖区之后，在杭州城外流淌了数千年的钱塘江成为新杭州城的发展轴，"西湖时代"开始迈向"钱塘江时代"。但要真正打破心理上的隔阂，形成区市深度融合的大都市，并非易事。教育、社保、交通等公共服务的一体化势为先导。在上城区和萧山区教育局的积极促成下，2014年12月，崇文实验学校签约领办萧山崇文世纪城实验学校。同月，萧山率先创建全国首批义务教育发展基本均衡区。

由此，"新班级教育"开启了跨江发展的新征程。一江春水，两岸芳华！

故事2

从"初见"到"看见"
——谭鹏飞与"新班级教育"

2013年是一个平年,俞国娣已经陪伴崇文走过了十年。这十年,崇文已经成了杭州老百姓交口称赞的名校,许多家长以孩子在崇文就读为荣。每到报名之日,校门口一早就会排起报名咨询的长队,有的家长甚至天未亮就带着板凳来排队了——这已然成了上城教育的一道特殊风景。

2013年,于我而言,是意义不凡的一年。同为上城教育人,我对"崇文"充满了渴慕。几乎每年,崇文都会举办学术开放周,我也几乎每次都会去蹭课,对崇文和她的"新班级教育"有了一定的了解。她是全国第一所专门为小班化教育设计的学校,也是全国第一所实施"新班级教育"的学校。其掌舵人俞国娣校长是全国著名特级教师、浙江省三八红旗手、浙江省党代表、杭州市人大代表、杭州市"十佳"中小学校长,在业内享有很高的威望。

这一年8月25日,局领导找我谈话,让我去崇文挂职,跟俞国娣校长学习崇文先进的管理理念和教育实践。仿佛理想照进现实,我表面上波澜不惊,欣然答应,内心却难以抑制激动和欣喜。那年9月开始,我便以杭州市望江门小学校长的身份,开始在崇文挂职锻炼。

◻ 仰望，俞校长初印象

虽然在来崇文挂职以前，我曾多次来崇文"蹭课"，也听过几次俞校长的演讲，但没有面对面接触过，对俞校长的印象，大多来自业内前辈的评价。

杭州市胜利实验小学的校长张浩强，是我1999年园丁工程的导师。他初做胜利小学校长时，俞校长曾经和他搭档，做党支部书记。他聊起俞校长时，总说俞校长是个天才，几十年才出一个。我也曾经做过天长小学楼朝辉校长的副手，他也对俞校长的管理推崇备至。全国著名特级教师杨明明老师是俞校长的师父，多次在公开场合说，俞校长这个徒弟已经超越了她。

第一次和俞校长的一对一交流，是在电话里。和局长谈完话的次日，我就接到了俞校长的电话，约我明天9点去崇文和她见面。我曾在多个场合听过俞校长的报告，铿锵有力，风趣幽默，总能把晦涩的理论用生动的案例讲得深入浅出，让听者能通过她的声音而临其境，很容易共情，令我深深折服。那一刻，电话里俞校长的声音同样具有感染力，仿佛能通过电波传输她温暖的笑意，让人顿觉亲切、熟悉。我一时忘了词，只连说了三个"好的"。

第二天，我早早地醒来，早早地来到校门口。学校我还是熟悉的，周边被居民小区包围，乍一看，不过是城市巷子里的学校，但校门口围墙上的浮雕，低调地展现了学校悠久而又辉煌的办学历史。浮雕刻画的是"崇文舫课"与1705年康熙皇帝视察"崇文书院"的场景。崇文的办学渊源我也略知一二，其历史可以追溯到1599年的崇文书院，当年有个巡盐御史叫叶永盛，他发现在杭州盐商子弟没办法入籍读书，于是在杭

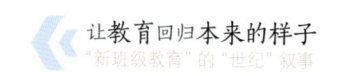

州西湖的跨虹桥旁租了一个房子，举办崇文书院。江南水乡，路途遥远，这些盐商子弟大多乘坐小船赶来上课。叶永盛见状，突发奇想，把小船当作流动的书斋。嘹亮清脆的号角声响起，那些停泊在藕花深处、柳荫底下的小船纷纷回到学堂岸边。书童收起学生们刚写好的作业呈给叶永盛批改，每一名学生都屏息凝神，静静地等待自己的成绩。这样独特的授课方式逐渐名满杭城，一直延续到了清朝，成为西湖二十四景之一。康熙南巡时期，亲自来到崇文书院观摩，为书院题写了"正学阐教"和"崇文"两块牌匾。由此崇文书院名满天下，国学大师王国维就曾做过这里的学生和老师。

　　走进校门，就是一个大堂，保安主动迎上来询问。当我说明来意，做好登记，保安手一指，原来校长室就在大堂二楼。上了二楼，除了校长室，办公室、后勤处、财务室也都集中在一起。

　　俞校长的办公室，就像崇文的微型博物馆，展示着学生的书法作品，书柜里珍藏着学生与崇文留下的点点印记。在照片墙上，更是匠心独具地挂满了她与崇文校园的合影，每个角落都嵌入了俞校长的身影。俞校长看到我，马上站起来和我打招呼，给我泡了一杯咖啡。咖啡微苦，但香味很浓。后来我才知道，崇文每一位老师去俞校长办公室汇报工作，都会跟校长讨要一杯咖啡。这杯咖啡，和她的笑容一样，都是俞校长的招牌。俞校长交代我多看多学习，列席行政会，同时协助周向鹏园长筹建幼学园。她向我介绍她的教育"理想国"，那是孔子、亚里士多德、柏拉图时代的教育方式——有教无类、因材施教，应需要而来的教育历久弥新。她说，崇文"新班级教育"的内核，就是关注个体的成长，是应孩子的需要而进行的教育。

　　"但谭校长，你想过吗，如何真正做到关注每一名学生，为每一名学生提供适合的教育?"俞校长面带笑容,看着我问,声音如和煦的春风,轻柔温暖却带着震动心灵的力量。

俞校长见我陷入思考,就举杯邀请我先品尝一下她泡的咖啡。然后,娓娓道来:"崇文实践的是'新班级教育',我们的教室是新班级教室,我们的教师是新班级教师。和传统的班级教育相比,是有很大不同的。不同在哪里?期待谭校长在崇文的这段时间里,能去看见,去思考,去找到答案。"

来不及细细思考,我又脱口回答了三个"好的"。

一杯清咖,一席谈话,"应需要而来的教育"伴着俞校长温柔的声音,深深地印在了我的脑海里。

初见,校园初体验

为了让我尽快适应新的身份,融入崇文的文化中,俞校长让后勤处李叶军主任带我去校园走走,并安排挂职办公室。

李叶军曾是火车头队马拉松运动员,最好成绩是2小时21分多,外形像极了奥巴马。他精力旺盛、做事细致,是学校后勤专家,对学校建筑的育人功能如数家珍。

李叶军主任告诉我,看似普通的大堂,作用可大着呢!这是家长接送孩子时的等候区,免受风吹日晒之苦;也可以作为教师与家长的沟通交流空间、孩子的才艺展示空间,以及学校的宣传空间;同时,这里还是面向学生的服务空间,诸如公共电话区、失物招领处等统统安排在这里。

城市学校在发展进程中都会面临场地小、空间不足的挑战。如何在有限的空间里做出无限的文章,其底层逻辑是看见需要、尊重需要。李

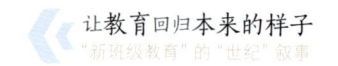

叶军主任介绍说，崇文的每一处空间，都是为满足学生、教师、家长的需要设计的。

从大堂西侧门出，是一条开放式长廊，连接着各教学楼。为了让师生下雨天去各教学场地不淋雨，长廊上安装了玻璃顶；为了让师生在长廊也能享受交往，长廊柱子上安装了一个个相框，展示学生的作品或者活动照片。长廊西侧，有植物迷宫，是孩子玩耍交往的地方；边上还陈列着四架风车，风车是童年的标志，也是孩子测量风速的工具。

沿着长廊往北走，就到了"崇文陶帮"，位于学校三号教学楼的一楼大厅内，是专门给孩子制作、摆放自己的陶艺作品的"玩泥吧"。负责陶艺教学的是中国美术学院陶艺专业毕业的江彩邦老师，妥妥地才貌双全。当时小学里开设陶艺课的不多，能让中国美院科班毕业生来小学教陶艺的，更是稀缺。江老师也是被崇文和俞校长所吸引，义无反顾地来到崇文，在培养学生陶艺素养的同时，也让自己成为能出版专著的美术名师。见孩子们精美的陶艺作品全开放地摆放在展示架上，我当时问了一个现在想来很低级的问题："这么放着，不会被调皮的孩子破坏吗？"李叶军笑了笑，说："不会的，这本身就是美育的一环嘛！"在崇文工作久了，我发现李叶军说得对，在一个美的环境里，在一个倡导崇文尚德的学校里，文化犹如空气，全体师生浸润其中，欣赏美，呵护美，创造美，就会成为一种自然而然的行为习惯，破坏的事就不太会发生。

再往北便是由崇文小海燕参与设计的童趣园。童趣园内设置了鳄鱼、海龟、大象等野生动物的模型。李叶军告诉我，儿童是有亲近自然、亲近动植物的需要的，建校初期，学校在学生中进行了"最喜爱的动物"的调查，发现孩子们喜欢的动物并不局限于小猫小狗等宠物，还有很多野生动物。虽然学校不是动物园，养不了野生动物，但可以为孩子们建个仿真动物园。课间，经常有一、二年级的小朋友来这里抱抱小动物。童趣园里还有一个养殖池，是高年级小哥白尼社团学生开展水质研究的场所。

童趣园的另一侧，是学校桃李园，象征着"桃李满天下"。桃李园是孩子们的植物园。园内种植的植物都是能开花、会结果的，并且尽可能地考虑到了植物开花结果的季节性，让季季有花、时时有果。孩子们可以在这里观察花，研究果，探究种子的传播，直观地感受到植物一生的变化。如果是一个丰收年，每名学生还有机会品尝自己校园内的果实，享受丰收的喜悦。随着一年又一年学生毕业，这里慢慢地成了毕业林，成为历届毕业生梦回的地方。

再往前，就是专门为一、二年级包班教学设计的教学楼。这是一栋圆形的教学楼，因形似而被师生昵称为"蒙古包"。一个年级的班级围成一圈，中间就自然形成了一个圆形的活动区域，便于学生跨班交往。崇文的教室是"新班级教室"，面积虽小，但教育功能极其强大。教学区域一改插秧式、排排坐的课桌椅摆放方式，采用小组合作桌。教室前面有多个展示平台，比如多块黑板和软板，让学生的学习成果，能以最为方便的形式展示出来——或贴或放或写或说，具有不同优势智能的学生都有展示的机会。新班级教室既是学生与教师学习的区域，也是教师的办公区。两位教师都在教室办公，就有更多的时间陪伴孩子，观察孩子，研究孩子，可以更好地帮助孩子顺利度过小幼衔接期。学校不设单独的艺术楼、科技楼，而是把所有专用教室，分布在各教学楼内，方便学生进出，让课间10分钟更从容。

我还记得，当时虽然没到9月1日开学日，但好多教室里都已经有老师在忙碌了，有搞卫生的，有布置作品墙的。看到我们进入教室，他们都会暂时放下手里的工作，面带微笑地与我们打招呼，甚至会热情地向我们介绍学生的作品，彬彬有礼、落落大方。李叶军告诉我，崇文每位老师都是学校宣传员，如果有参观嘉宾来，他们都能化身为班级导游，给嘉宾们做讲解。在一所强调交往的学校，教师一定要能给孩子做出交往的示范。好的教育，往往在言传身教中。

学校特别引人注目的是中置式操场，顾名思义，操场置于整所学校的中心，各幢教学楼围在它的四周，每个年级的学生都可以方便地到操场上活动。操场同时也是到食堂、进出校园的必经之路，这样的设计小变化，极大地提高了学生参加体育活动的频次。操场北边是孩子们特别喜欢光顾的五彩滑梯，二楼的孩子可以直接坐滑梯到操场。滑梯边的景观小品也很贴近儿童，如埙形落地路灯、小号路灯、长笛座椅等，仿佛等着为孩子们的笑声伴奏，演绎出最动听的交响。

操场尽头，是室外篮球场，边上有一片荒地，桑树长得稀稀拉拉、杂草丛生，与之前的观感截然不同。李叶军看我一脸疑惑的样子，咧嘴笑了："这里相对幽静，是留给孩子探险，甚至干点儿坏事的地方。"太棒了！在寸土寸金的城市校园里，能留有一处满足孩子宣泄、撒野等原生态需求的空间，多么可贵。这才是教育该守护的童年，是教育该有的样子！

转角到二楼，就是我的挂职办公室。据说这里曾是摆放荣誉的地方，墙边柜子里堆满了学校获得的各种荣誉和奖牌，不胜其数。我好奇地问："为什么不设置一个荣誉墙，把这些荣誉挂在显眼处？"李叶军说，这是俞校长特意交代过的，荣誉属于过去，价值观要放在心里，不用展示给别人看。随后，李叶军略带歉意地告诉我，这几年学校招生火爆，向阳通风的空间都用作教室了，只能把储物空间腾出来作为行政人员的临时办公室用。

在这间临时办公室里，我渐渐读懂了崇文的价值观、儿童观，也更深刻地理解了"新班级教育"的"关注个体成长，是应孩子的需要而进行的教育"之内涵。

看见，"新班级教育"中的儿童与教师

班级是学校教育的"细胞"，是学生道德养成、人格成长、知识学习、人际交往和社会发展的主要环境。秉持"看见班级中的儿童，打造儿童心中的班级"的理念，崇文的每一处学习空间都能舒展地连接自然。就像参观时所看到的中置操场，让孩子们无论在哪个教室学习，都能在课间以最便捷的路径到达操场，去玩耍，去运动，去探究。

学校还设置了专门的班级"团队游戏"课时间，有环境适应类、沟通交往类、竞争合作类、意志责任类等多个主题。有个游戏叫"飞夺泸定桥"，六年级的学生手握接力棒搭起"铁索桥"，让同学过桥。学生们认真讨论游戏策略，在游戏后及时反思，心得很多：有人遇到小胖墩儿过桥，手有点儿撑不住，坚持以后感觉很自豪；有人感慨过桥时要十分信任搭桥的同学，游戏里的每个人都缺一不可。小小游戏，不仅让学生获得快乐，也能让他们从中感悟和收获，多方面发展。

课堂教学是学校教育的主阵地。在"新班级教育"的课堂里，教师会走到孩子身边，清楚地看见班级中的每一个孩子，了解孩子的故事。一、二年级"包班教学"让我眼前一亮：每个班级由两位教师负责五门必修课教学。上课时，两位"包班老师"分工合作授课。协同包班，这也是崇文"新班级教育"小学低段的显著特点。

小海燕科技节开幕式上，小海燕们俯身倾听"地球"妈妈的声音

　　这是一堂数学课，主教老师在教学生书写数字"8"，协同的教师发现一名同学的书写顺序是反的，赶紧手把手带着她写几个，这就是崇文很常见的适应个别化教学的"一教一辅导"协同。同样是教一门语文课，两位老师协同合作，起到意想不到的效果。女老师带着女生做动作表演课文时，男老师领着男生字正腔圆地朗诵课文，这也是适应学生不同认知风格的"平行教学型"协同。包班老师没有办公室，工作地点就在教室，和学生一起学习、休息、聊天、游戏……"包班让我们给予孩子更多的陪伴，陪伴是最好的教育。"这是俞校长时常挂在嘴边的。

　　"新班级教育"实验起步就开始包班教学，这对老师提出了更高的要求，对老师来说不再只是"教什么"，而要思考学生要"学什么"，要真正学会看见儿童、看见儿童的需要。于是，中高年段的分层走班就以语文学科为突破口，浮出水面。你会看到：一名学生在一个学期中由多位语文老师执教，孩子可以选择参与到自己内心喜爱、认可的老师的课堂中；而语文老师的教学任务得到"瘦身"，他可以专研一个单元、一个专题，教学研究、反思改进的机会加倍增加，从而让教师的专业水平较好、较快地提升。学科教学需要的精耕细作和学生差异化的需求得到平衡，因材施教才能真正落地。

"新班级教育"强调交往，孩子们除了学好、学足国家课程，还有很多"大事"要做。G20杭州峰会召开前八个月，一群二年级学生向全市发起"扮靓阳台，喜迎峰会"号召。他们说："小事情做好了，才能做好大事情。"事实上，崇文学生并不是第一次"做大事"。2006年世界地球日前夕，当时还是三年级的"李四光中队"给时任浙江省委书记的习近平同志写了一封信，表达了"守护绿水青山"的愿望，提出节约资源的倡议。很快，习伯伯就回了信，他赞扬崇文少先队员奉献社会的情怀，鼓励他们做"节约资源、保护环境的先锋"。从那以后，崇文小海燕的社会实践活动一直在持续。"攒废纸换图书""校服接力""为甘肃民勤捐种梭梭树""拒绝车窗垃圾倡议"等活动持续开展。"新班级教育"在尊重个体差异的基础上，充分激发个性潜能，让每一名儿童都能成为独特而负责任的自己。

崇文的孩子们很忙，教师更忙。每天早上7:30，学校的教师食堂就挤满了人。老师们吃饭很快，十几分钟用餐结束便投入了工作。在崇文

2020年，"两山"理论提出15周年之际，崇文小海燕开展以"守护绿水青山，畅想绿色亚运"为主题的开学迎新活动，重温习近平爷爷的殷殷嘱托，为迎接2022年杭州绿色亚运贡献力量

食堂还有一大奇观，你经常能见到一些活跃在中国基础教育界的"学术大咖"穿着崇文的校服，和崇文的老师们一起用餐。原来学校有一套"四层八级"的教师培训体系，其中顶级的就是特级教师工作室，如张化万、杨明明、章鼎儿、朱乐平等特级教师受学校邀请在校开设工作室，定期（一般两周一次或一周一次）来学校开展研训活动，定向培养崇文名师。老师们珍惜受训的机会，导师们也很享受在崇文的时光，戏称"穿上崇文校服就有了回家的感觉"。每次研训结束，工作室成员就和导师在学校食堂吃顿"家常菜"，一起话话家长里短，其乐融融。吃完饭，工作室一定会有某老师可以"顺路"，私车公用，送导师回家。

学校活动多，也是教师忙碌的原因之一。每年的9月30日，是崇文小海燕艺术节的开幕式，以主题队会的形式，各年级全体师生共同准备一个节目，一般是以歌曲或者诗朗诵的形式迎接共和国诞辰。2013年的9月30日，秋高气爽，是演出的好日子。我和家委会主任一起，被安排在了主席台就座。按惯例，俞校长致开幕词，只听到她的开头："尊敬的某家委会主任、尊敬的谭校长……"我便惊得差点儿从凳子上站起来。每年来崇文挂职的校长很多，其中不乏名校长，而我只是极其普通的一员，何其有幸，竟被如此隆重看待，实在惶恐。后来，从崇文师生更多的言行中，我明白了：这是"礼"，在待人接物中表达对人的尊重和重视，这就是崇文尚德。

记得那天的阳光特别明媚，每个年级组的师生都登台亮相，无一落下。印象最深的是当时四年级组的表演，领唱的李慧老师歌声嘹亮，全年级的孩子们一起合唱，天籁的歌声里，像是有一群小鸽子，衔来一枚橄榄叶，共同为祝福祖国的生日，唱响儿女们心中期望的歌……

舞台虽然简朴，表演却情真意切，博得满场喝彩！演出结束，到了颁奖环节，每个年级组，加上家委组，都有奖项，像最佳创意奖、最美歌声奖、最佳风采奖等，为了让大家都能获得"实至名归"的奖项，老师们也是绞尽脑汁。最开心的自然是孩子们，玩了艺术还获了奖，各展所长。而这，恰恰也成为"新班级教育"看见班级中的儿童、关注每一个个体成长的理念的生动诠释。

如此种种，我终于理解了俞校长所期待的"看见"。与初见时的欣喜相比，当我真正看见了"新班级教育"时，我便无比渴望真正地成为其中一员，与子同袍，与子偕行。

融入，成为"新班级教育"的一员

2013年国庆长假刚过，俞国娣校长就领着一位男士走进我的挂职办公室。他个头不高，双眼炯炯有神。还没等俞校长介绍，我们异口同声地说："我们认识。"多年前，我是平安里小学的教导主任，他是崇文的学生处主任。有一次工作会议后，集体聚餐，他还给大家跳了一段舞蹈，赢得满堂喝彩——他是典型的"社牛"，每每活动，都能成为中心人物。他就是后来大名鼎鼎的全国青联常委、理想国幼儿园园长周向鹏。

俞校长对我说："向鹏是老崇文人，这次我把他邀请来，给了他一个重大任务，就是负责筹建崇文书院幼学园。你就协助他，你们'双鹏'合璧，一定能成功！"

崇文书院幼学园，到底是一个什么样的机构？俞校长似乎感觉到我的疑惑，解释说："这个崇文书院幼学园不是幼儿园，主要是借鉴芬兰教育的做法，在大班和一年级之间设置一个幼小衔接班。主要服务的对

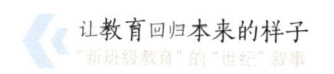

象是大班年龄偏小或者心智发育相对缓慢的孩子，以解决义务教育入学年龄'一刀切'的问题。具体让向鹏校长跟你介绍。"

待俞校长离开，向鹏便就幼学园的理念侃侃而谈。有两个印象特深：一是倡导男孩精神，针对性设置课程，致力于解决"男孩危机"；另一个就是作息时间的衔接，孩子可以自主选择午睡时间——因为小时候我也是一个不爱睡午觉的人，当时便觉得这样的设置更符合幼儿差异化的需要。

向鹏是个不折不扣的行动派，从名园学习、校舍装修、设施设备采购、招生宣传到教师招聘，都亲力亲为。以招生宣传为例，我们主动到幼儿园去做幼小衔接讲座，我讲了9场，他足足讲了33场。采购乐高积木，他联系了多个供货商，不断讨价还价，其中一个供货商还是他好朋友，就因为价格谈不拢，他宁愿得罪朋友，也没有徇私。

在此过程中，俞校长总会在关键时刻出现，或指点迷津，或提供资源。还是以招生宣传为例，如何能让各公办园长欢迎我们去做宣讲？俞校长建议向鹏举办一个园长座谈会，在座谈会上讲清楚办幼学园的目的

崇文书院幼学园

和意义，再请园长们提需求和建议。凡是向鹏没把握请到的，都由俞校长亲自去请。这个会开了以后，招生宣传顺利推进。我也有了种为崇文大家庭出了把力的喜悦。

2014年9月，幼学园迎来第一批学生，之后年年火爆。作为向鹏的助手，我们在俞校长的高位引领下，经历了一个教育实体从无到有的创办过程。我深切体会到：办学是需要"经营"的。这为后续创办崇文世纪城积累了宝贵经验。

我的挂职工作进行到2014年5月的某一天，俞校长突然找我谈话："你之前是不是申报了区教师自主研修'丰叶'资助项目？"我内心咯噔一下，有一种要被"大家长"扫地出门的不安感。

"教育局来征求我的意见，是否支持你去脱产进修半年。我想，既然你都报名了，那肯定是愿意去的。明年'新班级教育'研究要向国际化教育纵深推进，希望你在这方面多涉猎一些。"

万万没想到，一名挂职校长竟然还能得到脱产学习的机会，还是出国两个多月的脱产学习，更是为"新班级教育"走向国际化的西行取经。惊喜、感动，刹那间涌上心头。天长小学楼朝辉校长知道我有这个学习机会，也非常关心，主动帮我联系了印第安纳州教育咨询有限公司，美国学习之旅得以顺利成行。

这一次美国访学之行，我先后参观了印第安纳州的11所学校，学段涉及小学（含幼儿园大班）、初中、高中，最深的印象有四点。

其一是校车。当时，我所参观的每一所学校都配有校车，学生只要缴纳很少的钱就能享受从家门到校门的接送服务。而且，校车享有最高等级的路权，只要有校车停在路边接送学生，所有途经车辆，哪怕是总统的车也得停下来等候，直到校车离开。

其二是班额。印第安纳州的学校都是小班，最多的一个班也只有28名学生，一般都不到20人，甚至有个位数的。别看每个班的学生数少，但教室非常大。我目测了一下，一个普通教室的面积不会少于150平方米，功能非常齐全，除了学习区，还有电脑浏览区、洗手区、休闲区、阅读区等，四周的墙壁则是天然的学习展示区，甚至还有一个大的衣架。整个教室呈现的不仅是学生的学习场景，更是校园生活的图景。学校里专用教室非常齐全，除了传统的音美教室、体育馆外，还有高标准的木工教室、生活技能教室（厨房）。

其三是教师。尽管班额小，但教师的工作量并不少。像小学一、二年级基本就是一位老师承包一个班的所有课务，其余学科教师一般一天上7节课，一周就是35节课；每位教师都有自己的学科教室，因此教师的办公地点自然也就是在教室里——这与我们崇文的做法基本一样。和我们中国学校大不相同的是，美国学校课与课之间的休息时间非常短，就是两三分钟时间，相当于是学生更换教室的时间。这个时候，美国的老师会统一做一件事——齐刷刷地站到教室门口，管理学生课间秩序，类似我们的课间巡视，但他们的执行力之强，令人咂舌，执行力的背后是规则意识。就像开门，他们的规则是：开门之人一般要等到后面的人都走进来了，才会把手松开。最令我震惊的一次，是大礼堂集会结束，目测有400人左右的学生要撤场，一位最靠近门口的老师把门推开后，一直用手撑着门把手，直到全体师生走出礼堂，我想这就是教师的榜样示范吧。

根据我的观察，美国老师还有比较强的课程意识。他们会针对课程标准，自主研发学习内容，更多围绕核心概念来组织学习，因此他们一般是聚焦主题，围绕关键概念，开展单元设计，而且高度重视目标的达成度——这与目前我们正在开展的"大单元"教学的总体思路是一致的。课程实施的方式也是灵活多样的，在一个班里，针对同一个知识点，教师设计不同的学习内容，开展分组学习，学习能力强的小组自学，学习能力弱的小组，教师加强指导。有一所学校，学校与家长进行商议后，按学生学习水平分层：三年级数学七个班，分七个层次；四年级阅读，六个班分成三个层次。当我问及这样安排家长是否有意见时，校长的答复是有讨论，但以学校意见为主。这样的安排，孩子的学业成绩提升很快，家长们也就没有什么大的意见了。

  印象最深的是一堂三年级的阅读课。上课的前一天，教师给每一名同学发了关于南极洲的一个阅读资料，并让学生解答两个问题：1.哪个海洋环绕南极洲？2.从南美洲到南极洲，必须经过哪些水域？上课时，在解答上述两个问题后，老师播放了一段对某南极洲研究专家采访的视频材料，同时插播相关图片，内容非常丰富。看完视频后，请学生完成两个问题：1.写下你想记住的令人们感兴趣的事实有哪些？2.写下你想知道的问题？根据学生反馈，罗列了以下六个问题：1.南极洲有什么特点？2.如果你去南极洲，你会怎么走？3.研究一种南极洲的动物。4.做一张与南极洲有关的明信片。5.就南极洲的开发，谈谈你的看法？6.研究自己特别感兴趣的问题。让孩子选择其中的三个问题开展研究。你看，这些问题中既有记忆、理解、应用，也有指向高阶思维的分析、评价和创造。像这样的学习活动，其实就是我们2022新课程重点要推进的跨学科主题学习。

  其四是管理。在美国的学校内部，校长和教师共同管理学校的日常教育事务。此外，学校还会设立各种委员会，如学生事务委员会、校规委员会等，以便更好地管理和服务学生。在美国的学校中没有中国传统意义上的班主任概念。学生的日常事务和行为规范养成由多位教师和学校其他工作人员协同管理，而不是由一位班主任全权负责。对学生的评价也是多位教师共同完成的，非常注重评价的全面性和客观性。美国课堂中的随堂测评是比较多的，至少每周一次，甚至每天一次，每学期还会有一个期末测评。除了学科成绩，还会记录学生的课堂表现，主要是发言、倾听以及参与学习（游戏）活动的情况。有的甚至把学生承担岗位工作的质量也纳入其中：比如小老师、加（减）分员、接收员等，大家轮流值岗。这些评价结果按照一定指标折算，计入综合成绩，最后折算出一个等级。

美国之行，让我看到的是对儿童的珍视和尊重。这和崇文的理念是不谋而合的，甚至崇文的许多做法，都超越了这些学校。我不禁有一种身为"崇文人"的自豪！

整个访学期间，俞校长似乎是上好了闹钟的，每周四都会给我打个微信电话，除了关心我的安全和生活，重点和我聊美国教育教学的情况。聊的过程中，感觉她比我了解得更充分，理解得更透彻。就像同事们说的，没有软肋，只有完美。

从美国回来，俞校长又特意找我谈话，依然是笑声朗朗，温暖如春。她问我："学成归来，是否愿意继续在崇文工作？"

我说："很愿意，就怕能力跟不上。"

她说："能力可以培养，只要用心工作就好！"

谈话后的第二天，我就去找了时任上城区教育局项海刚局长。主动提出，我有强烈的愿望，想去崇文工作。项局长问我为什么，我说是因为崇文文化和俞国娣校长感召了我，我在崇文工作更有价值感。

局长想了想，问了我两个问题："校长变成副校长，你想清楚了吗？俞校长对工作的要求是很高的，你能适应吗？"

"我想清楚了，我努力适应，认真工作！"我坚定地回答。

"那你好好干！"项局长爽快地答应了。

就这样，我终于如愿从"挂职副校长"成为真正意义上的"崇文副校长"。

Act 1 行进的快板

潮涌:
"新班级教育"
的一种新可能

|2014年12月13日 至 2018年8月31日|

世纪之作
"新班级教育"在城市发展中的一种新尝试

"好雨知时节,当春乃发生。"伴随着雨水节气应景的小雨,时序进入了2015年新春。这是21世纪春节最晚,有史以来春节第二晚的年份。

这一年,义务教育就近入学、实现教育公平的春风吹遍了大江南北。6月,国务院办公厅印发《乡村教师支持计划(2015年—2020年)》,指出必须把乡村教师队伍建设摆在优先发展的战略地位,"采取切实措施加强老少边穷岛等边远贫困地区乡村教师队伍建设,明显缩小城乡师资水平差距,让每个乡村孩子都能接受公平、有质量的教育"。11月,国务院印发《关于进一步完善城乡义务教育经费保障机制的通知》,全面部署统筹城乡义务教育资源均衡配置,首次建立"城乡统一、重在农村"的义务教育经费保障机制,是我国义务教育发展史上的又一个里程碑。推动城乡教育均衡,再进一步。

跨江绘蓝图

春风又绿江南岸。回溯1986年义务教育迅猛起飞的那个春天,15万民工在钱塘河口段筑堤围涂,"围垦精神"响彻萧山大地。这场长达半个世纪的围垦造地运动,共围垦土地53万亩,被联合国粮农组织称为"人类造地史上的奇迹"。

2003年,杭州市崇文实验学校迎来一位新校长的同时,这片围垦的土地也迎来了她的新世纪。省委全会提出"八八战略"两个月后，萧山区委、区政府响应杭州"城市东扩、旅游西进、沿江开发、跨江发展"战略，在宁围沿江板块画下一个"圈"：设立钱江世纪城开发建设领导小组及办公室；同年10月，改为常设机构，更名为钱江世纪城管理委员会。就这样，带着深度融杭的使命，钱江世纪城应运而生。

勇立潮头敢为先。乘着时代的东风，崇文和世纪城都在迅速成长着，为共同续写奇迹埋下了伏笔。

2010年，崇文的"新班级教育"完成了低年级包班协同教学模式和中高年级非包班状态下的新班级生活研究两个阶段性研究，正式开启了整合国家、地方和校本课程的"新班级教育"课程体系架构的顶层设计。年底，庆春路过江隧道正式通车，这条"钱江第一隧"正式串联起了钱塘江两岸，预示着杭州从"西湖时代"正式迈向"钱塘江时代"。

2014年11月，钱江世纪城区域内首条地铁线——杭州地铁2号线开通，辖区3个地铁站投用，新城交通迈向了"地铁时代"；次月，崇文响应"拥江发展"战略，以教育品牌输出，与萧山区签约筹建崇文世纪城实验学校，选址定在萧山钱江世纪城T-08（R22）地块。2015年1月6日，崇文世纪城实验学校项目建议书获批。

为助力萧山深度融杭的城市化转型，"新班级教育"开始为城乡教育均衡发展探索出一种新逻辑。面向未来"名城名校"的美好愿景，首先要有教育理念，再建教育建筑。基于"让学校成为学生学习、生活和交往的乐园"的理念，崇文对世纪城学校教育建筑创造性地提出了"区域功能叠加的教育综合体"的定位。随着一份长达30余页的《杭州市萧山区崇文世纪城实验学校建筑规划及方案设计任务书》编制完成，崇文牵手世纪城跨江发展的蓝图在2015年夏天正式铺展开来。同年9月，

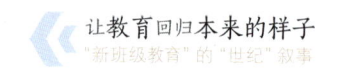

杭州获得第19届亚运会主办权，钱江世纪城成为亚运筹备核心区，亚运"五馆""三村"与崇文世纪城学校一起"心心相融，@未来"。

○ 世纪展宏图

2016年，国务院《关于统筹推进县域内城乡义务教育一体化改革发展的若干意见》出台，提出了十项重大改革和发展举措，如同步建设城镇学校，努力办好乡村教育，科学推进学校标准化建设，实施消除大班额计划，统筹城乡师资配置，改革乡村教师待遇保障机制，改革教育治理体系等，回应了广大人民群众"都期盼子女能够接受良好的义务教育"的新关切。

时代突飞猛进，城乡融合加深，未来加速到来。

这一年的4月，在钱塘江两岸人民的共同关注中，杭州国际博览中心竣工，作为G20杭州峰会主会场，声名鹊起。9月10日，两公里外，崇文世纪城学校破土动工。学校用地面积约67亩，总建筑面积约6.4万平方米，规划设置36个班，满足1200余名师生的教学活动，计划于2018年9月开始招生。

两年，720个日夜，只争朝夕。2016年10月土方开挖，2016年12月地下室底板施工；2017年3月主体梁板钢筋施工，2017年4月完成屋面混凝土模板、屋面层模板施工，2017年6月8日主体封顶，2017年8月圆形图书馆下沉庭院挡墙施工，2017年10月外墙涂料喷涂，2017年11月室内装饰粉刷；2018年4月屋顶花园吊装施工、室内装修施工进场，2018年5月雨水收集系统安装、球场沥青浇筑、乔木种植，2018年6月安装滑梯、家具进场、报告厅安装座椅、专用教室安装窗帘、室外地面层施工……

日新之谓盛德。距党的十九大顺利召开不足8个月，崭新的崇文"世纪之作"惊艳亮相。一所蕴含先进教育理念、设施一流、功能齐全的"升级版"崇文学校让世纪城的居民看到了家门口的美好教育，回应、关照着新时代"人民日益增长的美好生活需要和不平衡不充分的发展之间的矛盾"。

2018年8月6日，崇文教育集团全体教师跨过钱塘江启动办公，开展校园环境布置活动，为9月1日正式开学争分夺秒。活动以项目形式开展，共分为定班教师、专用教室、港湾空间、体育场馆、创客空间等14个项目组。8月5日前，由项目负责人组建、确认团队，讨论完善本组方案；8月6日，全体教师前往崇文世纪城参观后，各项目组制订工作方案；8月7日，项目组汇报设计方案，由校领导组成的领导小组审核；8月8日至16日，各项目组自行完成校园文化布置；8月17日审核验收。

8月18日，世纪崇文公众号发布第一篇文章，揭开学校神秘面纱；

19日，一、二年级的世纪崇文小海燕和爸爸妈妈一起，走进校园，参观体验；

20日，世纪崇文举行媒体开放日活动，三至五年级学生和家长，

世纪崇文小海燕和爸爸妈妈一起走进崭新的校园

"新班级教育"实验课程发布会现场

以及媒体记者们走进学校,共同见证"新班级教育"实验课程发布。发布会上,校长俞国娣着重介绍了学校以"交往、唤醒、实现"为核心理念,"运动"和"未来"两大课程系统做强力支点的"新班级教育"实验课程。崇文课程升级,翻开"世纪"新篇,成为2018年杭州教育界的亮点和热点。

延续400年书院文脉,杭州市崇文实验学校跨过钱塘江,让杭州市萧山区崇文世纪城实验学校扎根在钱江世纪城。这意味着,崇文教育在城市的发展中,与时俱进,从"钱江时代"迈向"拥江时代",注定将为杭州"拥江发展"图画绘上浓墨重彩的一笔!

故事3

给孩子一个惊喜

我到崇文实验学校挂职的时候，正值《中华人民共和国民办教育促进法》颁布实施十周年。民办教育作为社会主义教育事业的组成部分，在国家的积极鼓励、大力支持、正确引导、依法管理下，方兴未艾。各级人民政府也都积极将民办教育事业纳入国民经济和社会发展规划。

彼时，"新班级教育"和俞国娣校长早已名声在外，各地政府、各类经济平台以及房地产开发商等纷纷抛出橄榄枝，热情邀请俞校长去当地办学。为经济效益而来的办学邀约，俞校长都会在第一时间谢绝。但萧山区教育局、上城区教育局和钱江世纪城管委会发来的邀请，让俞校长心动了：

"新班级教育"应该让更多的孩子受惠，这是习总书记当年参观崇文、慰问学校师生后说的话，声犹在耳。在国家、社会、城市的发展进程中，崇文不能安于守住当下这一块小小的教育天地，更要积极地、开放地将崇文的经验辐射出去。"新班级教育"如何把新时期党的教育方针落实到具体的办学实践中，为一座新城的崛起赋能？这是崇文人应该回答的时代命题。

▫ 先有教育理念，再有教育建筑

2014年12月12日，经萧山区、上城区两地党委政府的多次商议协调，两地教育局、钱江世纪城管委会和万科房产正式签署合作框架协议，确定在钱江世纪城范围内，以杭州市崇文实验学校为依托，筹建一所非营利性优质民办学校，以提升萧山钱江世纪城的城市能级，实现优质教育共享。签约仪式后，钱江世纪城领导班子曾动议在钱江世纪城区域内奖励俞国娣校长一套房子，但被俞校长婉拒了。她认为办学不是她一个人的事儿，而是全体崇文教师共同的事业，跨江之举对全体崇文教师都是一样的挑战，也是大家共同的使命担当。功成不必在我，功成必定有我！这让管委会的领导钦佩不已，一度传为佳话。

协议签订，学校的筹建工作就如火如荼开展起来。俞校长亲任筹建组组长。

与筹建组的每一个人，她都不止一次强调：崇文学校"系出名门"，基因里有非常独特的传承，其校史可追溯至杭州历史上颇负盛名的"崇文舫课"，先生带着学生在西湖泛舟上课，游走于荷花碧波之间——这种教育模式中的亲近自然、自由开放、和谐交往，无不是崇文所追求的教育愿景。

"崇文世纪城是崇文领办的第一个学校建设项目，一定要做好。第一步，先从造房子开始。我们不能贪图一时的轻松，任由建筑设计师给出一种常规的设计。我们的学校建筑应该是'新班级教育'理念的载体，并在传承的基础上有所创新，努力打造崇文学校建筑的2.0版。"俞校长坚定地说，"未来的学校，应该先有教育理念，再有教育建筑。因此，《学校建筑规划及方案设计任务书》得由我们自己来撰写。"当时，我是分管后勤的副校长，具体的撰写任务就落在了我头上。

执笔之前，筹建组进行了多次"头脑风暴"。崇文要打造一所什么样的学校？这是俞校长与我们讨论最多的问题。思维不断碰撞，答案删繁就简、去芜存菁，最后提炼出四个字：儿童喜欢！

打造一所儿童喜欢的学校，是回归教育本原的时代命题，也是学校走向国际化的核心所在。学校要让儿童喜欢，则学校环境当是儿童喜欢的，学校里的人当是儿童喜欢的，学校里的事（生活）亦是儿童喜欢的——这三者有机联系，相互影响。校园环境是直接影响儿童喜欢学校的关键因素之一，又对另两个因素产生间接的影响。那么，儿童喜欢什么样的环境呢？在俞校长的启发下，我们沉浸式地观察儿童，和孩子们交流，再次头脑风暴，提出了"新班级教育"理念下的学校建筑六大设想，即有充分的活动空间，有多样的交往场所，有好玩的动植物伙伴，有有趣的学习园地，有有个性的色彩标志和有难忘的建筑风格。

为了确保六大设想能够不折不扣地体现在设计图纸中，我们还提出了建筑空间设计的具体建议。具体到门把手应该安装在适合的位置，室内电灯开关与把手平行，教室展示区的背景墙要用磁性贴等。这些建议，许多来自教师。他们会从教育教学实际出发，提出需要。语文组和科学组的老师，把教材里提到的植物一一罗列出来，为我们遴选校内植物提供了重要的参考。当体育组老师提出要把校园一周的道路改造成越野跑道时，科学组老师建议可以在越野跑道边上设置草地区、森林区、沙地区、湿地区等自然景观区域，让学生了解不同地貌。俞校长还把这些区域的名称改为了小王子玫瑰园、草房子森林、聚沙成塔、法布尔湿地等，让这些自然景观更富有教育意义。这些建议，还有许多来自专家。被李希贵赞为"中国唯一既懂建筑又懂教育"的设计师吴奋奋老师，是崇文的老家长，对崇文建新校非常关心，给我们提了许多建设性的意见和建议，甚至把他的学校室内设计的图纸无偿提供给我们参考。最后，在大家的出谋划策下——尤其是李叶军老师提供了大量的资料，这份《学校建筑规划及方案设计任务书》竟然洋洋洒洒写出了11000余字，至今读来依然感觉对学校设计和建设颇有借鉴意义。

同时，为了让建筑设计师能够更快理解"新班级教育"理念，并将其融入建筑中，我们召开了设计师工作会议。会上，俞校长带着我们和设计师一起聊"上学时印象最深刻的是什么"，大家发现，关于学校的美好记忆总少不了温暖的阳光、躲藏起来的小虫子、和伙伴争抢的乒乓球桌、走廊里三三两两的讨论、躲在老师背后扮的鬼脸等场景和意象；和设计师一起讨论"儿童的认知和教育的本质"，大家一致认为，教育空间需要有一定复杂性，就像一个生态系统，才能满足孩子的"天马行空"和"奇思妙想"，才能包容他们的活力四射和安静思考，从而最大限度地承载学校交往、唤醒、实现的教育理念，满足师生学习生活中的多种需要。会后，吴奋奋老师和俞国娣校长带领设计师参观崇文校园，系统讲解崇文学校建筑的教育功能；接下来的一周，陪着这些设计师奔赴北京、上海、广州等地，参观全国一流的学校建筑，以激发他们的创作灵感。

也许是被俞国娣校长和崇文团队的信念之火点燃了，设计师们也"卷"了起来，致力于和崇文一起，打造一个教育建筑的作品，以期载入学校建筑设计的史册。他们根据设计规划书的要求，先做了建筑方案的设计，三个月时间推出了三个方案供学校选择。为了让我们这些外行能看懂方案，他们不仅做了模型，还按照模型做了动画演示。应该说，三个方案都做得很精致，但1号方案"火柴盒子"更令我们心动。

方案有了，教育综合体内部布局需要进一步优化，我们按每月一例会的方式推进该项工作。俞校长几乎从未缺席，并提出了很多有价值的意见建议，如怎么设计交通流线更安全、更节省行走时间；教师休息室设置哺乳区体现人文关怀，设置港湾推进学生交往和学习等——远远比我们后勤线的老师要想得远，想得细。连设计师都啧啧称奇，说你们校长怎么什么都懂。后来我慢慢感悟到，关键在于俞校长心中有"人"，有学生，有老师，有家长，就会有情怀，就会有原则。另外一个原因，大抵与她的热爱学习、善于学习是密不可分的。很多次凌晨一两点给她打电话，她都还在工作。她曾经跟我们讲，所有光鲜的背后都是看不见的巨大付出。我想这也是她的真实写照吧！

或许我们的认真和顶真，也感动了设计团队，经过一次又一次的讨论与磨合，最终，设计师的呈现超乎所有人的预期——

> 我们（上海MONOARCHI度向建筑设计事务所）有意识地摒弃了传统的集约型线性空间模式，转而构建了丰富和复杂的空间架构，通过把原来扁平化的空间立体化编织，提供了更多的身体接触点和视线接触点，由此获得更多互相观察和学习的机会。
>
> 复杂性中最重要的设计出现在小学部的中轴线中庭空间之内。在15米宽、88米长的巨大尺度上，从地下生根，一直生长直贯天顶的五层空间里，校园室内公共活动空间被重新定义。我们设计了一座橘红色的"山峰"，它是由三种基本楼梯原型组合而成的曲折回复、变幻多端的楼梯群，像一个立体迷宫悬挑于中庭之内。天顶有玻璃屋盖，天光倾泻而下，打在橘红色栏板上，使整座"山峰"熠熠生辉，晕染出温暖的光芒。这座"山峰"有不同的路径可供上下，不同的路径上会有不同的平台，它们并没有被明确为某种固定功能，而是可以根据师生的自主需求转变为不同的场景（如演出舞台、画廊、阅读空间、制作坊等）。

中庭楼梯

复杂性还体现在港湾空间。建筑的每一层都设计了一些"无确定功能空间",可以被随意使用。这样的空间在底层是那些架空的区域以及中庭的一层部分;其上每一层,则是在教室与教室之间留出了大小不一的开敞空间,我们统称之为"港湾",它是一种"袋形空间",被走廊串接起来,相对于走廊的跳跃喧闹,袋形空间内部显得稳定安静,而且数量众多,面积上接近教室面积的总量,因此学生多了将近一倍的学习和活动空间,每名学生更容易找到一个属于自己的独处角落。这些港湾可以被开发为小剧场、小图书馆、小画廊、小制作间、英语角等。它们像是奇妙的水体,在有学生活动时它们就是富有活力的港口,当学生独处时它们又成了安静的港湾。

阅读港湾 　　　　　　　　　英语港湾

艺术港湾 　　　　　　　　　科技港湾

学校投入使用以后，我时常会在学校的不同空间里收获惊喜，也许是楼梯平台上偶遇的个人独奏表演，也许是转角遇见"快闪秀"，也许是中庭艺术港湾里的一场画展，也许是阅读港湾中一个独处的阅读者……闲暇时间，孩子们可以在这里进行阅读与活动，可以开展探究与展示，可以和志趣相投的伙伴交流。正如设计师所期望的，"带有一定复杂性的教育场所在现实中支持着崇文世纪城丰富多彩的教学互动"。

如期交付，一天也不能晚

按协议约定，崇文世纪城学校应在2018年9月正式开学。然而，由于征地、招投标、G20杭州峰会等多种因素的影响，施工进度比较慢。2016年2月17日，时任萧山区委书记俞东来亲临钱江世纪城，召开"三校一院"建设工作推进座谈会,要求钱江世纪城加快推进建设,由此学校建设进入快车道。

2016年9月10日,学校主体建筑开始施工,我们内心充满期待。每个月,我们都会去走走看看。那个时候钱江世纪城还是大工地,学校不远处还能看到农田。学校离三桥很近,但当时竟然连一条直通学校的柏油马路都没有,每进一次学校,身上都会沾满灰尘,俞校长还走坏了一双皮鞋。当时,俞校长曾和我们聊起:"一般命名'什么城'的,都是新农村。但可不要小看这个新农村,它正在经历一场时空的重构,不久的将来就会成为与钱江新城比肩的城市新中心。"那时,重构学习时空的"新班级教育"深层次探索大概已在俞校长心中萌芽了吧。

2017年4月30日,一大早,俞校长找我,神色凝重地对我说:"上周和熟悉的建筑专家朋友悄悄去工地看了看,朋友说,按照现在这样的进度,2018年9月肯定开不了学。区里又迫切希望如期开学,因此需要学校派专人去盯这个事。学校党支部讨论了一下,认为你去负责筹建最合适,一方面前期设计你介入比较多,另一方面你又是萧山人,便于沟通,相信你也是有家乡情结的,趁这个机会,为家乡做点贡献。我还给你请了一个支持单位,到时候他们会派专业团队助力你。"

我表示服从学校安排,但自己还带着一个班的数学教学任务,便提出能否这个学期带完了再去,或者半天带班,半天去工地。俞校长否定了我的提议,让我立即动身,全力以赴抓新学校建设,学校里现有的工作学校会妥善安排的。看来,情况比我预想的更紧迫。

最后,俞校长对我提了三点要求:第一,进度,确保学校顺利开学;第二,安全,建设期间绝对不要出任何安全问题;第三,廉洁,按规则办事,守好底线。交代完毕,俞校长看着我,满是信任和期许。我感到心里沉甸甸的，点了点头："俞校长，我全力以赴！"

上午交接班，中午就去了管委会报到。接待我的是分管建设的钱江世纪城董宁副主任——一个非常帅气直率的男领导。见到我，董副主任就说："谭校长，你来得正好！今年我们要开工的项目太多了，真有些忙不过来。你来了，学校项目的进度你盯牢，我们全力做好支持配合工作。"然后就把分管学校建设项目的章尧副局长和我们学校的项目负责人唐工叫到他的办公室，把目前学校的建设情况——说给我听。然后又带我到几个部门科室，一一介绍我认识，并交代专人落实我工作期间的生活事宜。就这样，我在半天之内就完成了工作时空的转换。

下午，我提议去工地看看。第二天就是五一小长假了，董副主任建议我节后再去工地。但我想着肩上的重任，实在等不了。于是，他让项目负责人唐工带我去现场。到了现场，和总包单位、监理单位等相关负责人聊天，发现进度的确拖沓，关键不是时间问题，而是协调问题，有些问题不协调好，会严重影响建设进度。我立马打电话给董副主任，希望管委会牵头，近期务必安排一个协调会，并建立工作机制。管委会这边效率很高，一个小时后就回复说，时间定在5月5日，相关单位都参加。

5月1日至4日，我给自己定的任务是熟悉资料、查找问题。四天里，我翻阅了学校建设施工的所有资料和图纸，开出了一份满满几页纸的"问题清单"，只等着5月5日协调会上提出来讨论解决。

5月5日，杭州市崇文世纪城实验学校工程质量与进度工作小组第一次工作会议在世纪城管委会大会议室如期举行。投资单位（管委会）、总包单位、监理单位、设计单位等相关负责人悉数到场。如何让这些利益攸关方心往一处想，力往一处使？我想到俞校长经常讲的"意义"二字。因此，在主持人介绍完参会人员以后，我主动发言。首先表达感谢，然后重点阐述崇文世纪城实验学校落地钱江世纪城的重要意义，并表态学校如何来助力，最后也表达了保质保量如期完工，对各单位有什么样的好处。现在回想来，这番讲话还是有用的，因为会议效果很显著：成立了以我为组长的工程质量与进度工作小组，建立了每周一次的例会制度，明确了设计单位提交图纸的时间节点、总包单位土建交房时间节点、各设施设备采购的时间节点等九大事项。会议结束，我一个人待在会议室里整理会议纪要，忽然想道：我这个组长不就是个"光杆司令"吗？想着想着，自己也笑了。做光杆司令也要做一个有影响力的光杆司令，我暗暗鼓励自己，并在自己的手机里记录一周重点要完成的工作。

第二天，我就去管委会找董宁副主任汇报会议的情况，希望尽快解决施工中的一些重难点问题。董宁副主任属于技术型干部，说你们会上提出的解决方案是合理的，会尽快抽时间向管委会主要领导做汇报，同时让项目负责人整理上会资料，尽快上班子会议，给施工单位吃一颗定心丸。大概过了一周时间，项目负责人就告诉我，这些重难点问题都按照我们的解决办法顺利通过了。没过一小时，总包老板电话就过来了，跟我说了一大通感谢和表扬的话。5月11日、5月16日、5月20日，紧锣密鼓地召开工作小组会议，这些会议都安排在工地办公室，大家聚焦于问题和对策，解决问题的效率提高了很多，会议氛围也和谐了很多。对于校方提出的一些合理诉求，总包单位也表示只要不亏本，会努力按校方的要求做出优化。经过这四次会议，施工进度回到了正轨。

同时，学校设施设备的采购也提上了议事日程。钱江世纪城管委会对学校非常支持、信任，让我们做好设施设备的预算，并授权学校按照招投标流程，实施设施设备采购。工程进度紧，尤其像空调、新风等一些部件需要提前预埋，采购不及时，就会影响进度。关键时刻，学校后勤处、信息处的主任们挺身而出，和我一起编制采购清单。短短一周时间，预算金额8000多万元、涉及近40个采购项目的采购清单就做出来了。

这么大的采购金额，如何高效规范使用，是摆在我眼前的一个大难题。俞校长提醒我，要树立廉洁意识和规矩意识，为此，我负责起草《学校设施设备采购方案》，并于2017年5月25日召开采购工作会议，会上成立采购领导小组和工作小组，厘清工作职责与分工，规范工作程序，并通过采购方案。学校后勤处、信息处的各位主任分工协作，根据工作性质和特长，认领采购任务。如，马良主任分管学校信息技术的工作，与信息技术有关的就由他牵头采购。采购小组成员又是怎么产生的呢？借助教师的力量。如，采购钢琴，则把音乐骨干教师作为采购小组的组员。大家平日教学工作繁忙怎么办？老师们自动就把考察遴选任务放在双休日。大家群策群力，设施设备的采购顺利进行，在整个采购过程中，尽管各厂家竞争非常激烈，但没有发生过一起投诉或纠纷事件，也没有拖工程进度的后腿。采购任务如期完成，我深切感受到：我不是一个人在战斗，我不是"光杆司令"，我的背后有一个强大的崇文团队！

2017年11月中旬，精装修团队进场，除掉过年的时间，留给装修施工的时间非常紧张，6.4万平方米的装修任务非常重。2018年4月开始，眼看工期来不及了，我直接给老板打电话，请求工人们发扬攻坚克难精神，装修改为两班倒，日夜赶工，最后终于如期完成任务。赶工的日子里，我一般都睡在建筑工地临时搭建的宿舍里，以便及时应对突发事件。但真的是急中出乱。有一天下暴雨,从上午一直下到晚上,半夜里我突然接到电话,说地下空间和二楼有大量的雨水倒灌进来,导致一些装修材料泡了水。我也顾不上穿戴整齐,随便披了件雨衣就和工人一起前往查看,发现二楼是因为门槛没做,地下空间则是因为排水不畅。做完补救措施,天已经亮了。我一边提醒白班来的工人要更加注意安全生产的细节,一边将这次突发情况写成备忘录,时时提醒自己关注细节。

一路赶工,一路惊喜。2017年5月,整所学校看起来还是个工地;2018年6月底,崭新的"新班级教育"建筑综合体呈现在大家面前。回首这13个月的学校建设工作,有分歧、沮丧和痛苦,更有快乐、温情和感动,给我的一个启示就是:目标需要阐释其意义,一旦目标确定,那就需要"咬定青山不放松",守住心中的道德律,倾尽全力,勇往直前,结果就不会太差。

故事4

重构学习时空，为未来而建

和崇文的"新班级教育"一起走过了十年。这十年里，我见证了"新班级教育"实验在俞国娣校长的带领下，从一种教学模式的改革升级成为探索学校教育新样态的系统性变革。其间，我们遇到过许多困惑，最为突出的是当前学校教育单一化的时间设置和封闭化的空间设计给"因材施教"带来的桎梏。

师生、课程和环境是教育教学活动中的关键要素。学习是主体和环境双向交互的过程，学习时间和空间作为学习环境的关键要素，是撬动学校系统变革的重要抓手。基于这样的认知，当崇文教育在布局"跨江发展"战略时，俞国娣校长立足学校时空观的高站位，大胆而开创性地提出了"新班级教育"的课程时空重构。

当前，"双减"政策要求学校充分发挥教育主阵地作用，确保学生在校内学足学好。俞校长认为，这意味着学校教育应从"实体哲学"走向"关系哲学"，强调"学习是在主体与环境的交互作用，在主体同客体、同他人、同自身对话的重叠性交互作用中生成"。因此，在我们着手编制崇文世纪城《学校建筑规划及方案设计任务书》的时候，就在尊重儿童身心发展规律的基础上，借鉴社会空间生产理论，从重构学习时空入手，采取综合体设计的思想，对学校建筑空间提出了具体的设计建议，并以此撬动学校课程、教学和评价等方面的系统变

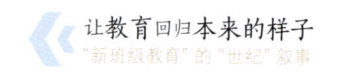

革，使得学校不仅是学生学习和教师工作的场所，更是师生共同生活成长的地方。

◻ 学校空间重构，功能叠加的教育综合体建设

良好的校园环境对学生健康成长的重要性不言而喻。当下，很多学校以追求效率最大化为原则，通过整齐划一、均质规整的学习空间设计，将一个个鲜活的生命固定在若干相对安静私密的建筑网格中，使校园失去了应有的生机。

教育不是工业生产。我们认为学校建筑应让学校摆脱工业时代的方方正正，成为一个色彩鲜明的多功能教育空间，从而最大限度地满足师生学习生活等需求。在崇文世纪城，我们对学校空间进行了重构，不仅构建了灵动开放的物理空间，还创设了乐学善思的知识空间、友好互动的交往空间和多维立体的体验空间，让空间彰显教育属性与育人价值。

从师生的现实需求出发构建灵动开放的物理空间，让学校真正成为师生成长的乐园。崇文黄、崇文蓝与高级灰的色彩搭配，静静地展示着崇文世纪城实验学校民族的情怀、国际的视野、现代的品质。定班教室内打破传统秧田式课桌椅布置，划分为学习区、资料查阅区、讨论区、办公区等，满足师生教学、讨论、研究、休闲等多元需求。学习区布置了围坐的桌椅，方便学生4~6人一组开展学习研讨；资料查阅区摆放着电脑、书籍和其他学习设备，方便学生查阅资料；教室一角设有教师办公席，方便教师全天候陪伴孩子的学习成长；休闲区设有"温暖角落"，里面摆放着舒适的沙发、靠垫和地毯，能够满足师生学习、休闲等多种需求，还能赋予孩子们"家"的归属感和安全感。我们还在校园内设计了港湾家园、阳光农场、探究空间、艺术走廊、法布尔湿地等公

共学习空间，孩子们可以学习体验各种各样的兴趣课程，在阳光农场里经历播种、培植和丰收的完整过程，在探究空间里开展科学探究，在艺术长廊里进行艺术作品展示，在法布尔湿地开展湿地动植物研究，等

田径场　　　　　　　体育馆　　　　　　　恒温恒湿游泳池

室内滑梯　　　　　　越野跑道　　　　　　梦想剧场

定班教室　　　　　　舞蹈教室　　　　　　科学教室

表演教室　　　　　　美术教室　　　　　　书法教室

陶艺教室　　　　　　创客空间　　　　　　木工坊

南门厅

中走廊

室外楼梯

学生餐厅

三角形图书馆

圆形图书馆

等。同时从满足生活功能出发，设计了饮食空间、健身空间、放松空间等生活场所，方便师生在教学之余愉快地享受下午茶，舒缓筋骨，强身健体。

从师生的发展性需求出发，创设乐学善思的知识空间、友好互动的交往空间和多维立体的体验空间。"让世界成为学生的教材"是崇文"新班级教育"长期以来坚持的原则。我们认为知识不只存在于教科书等静态文本中，更源于学生与书本、生活相互作用时获得的一切经验。一方面，我们合理突破固定的教材章节，以核心概念为单元进行任务设计，突出学科知识体系的完整性；同时设计开发多主题跨学科课程，打开学生学习的"知识空间"，帮助学生更好地建立自己的知识网络；积极探索多模态互动模式，创新班级组织形态，拓展了师生、生生、师师交往空间。另一方面，我们借助虚拟场景、混合学习等现代技术手段，把博物馆、科技馆等场所"搬进"学校，开设"科学家"等科普课程，从而将学校打造成为虚实结合、内外连通、处处可学、时时能学、人人乐学的浸润式学习乐园。

学校设计时就是一个综合体，把课程的

资源做了整合，很多区域是功能叠加的，从而让不同教育目标在同一个空间里实现，这是空间上的重构。当崇文小海燕走进校园，流连其中，发现"学校的图书馆，有圆的，有方的，有三角形的，很多地方都能看书，太好玩了"，惊叹于"新学校里有大恐龙和能藏猫猫的树洞，有海洋动物和绿色植物，有美丽的城堡和滑梯，比照片更好看"的时候，我总能真切地感觉到学校建筑与未来教育的距离在拉近，美好教育的种子正在小海燕的童年里萌动。

重构学校时间，模块化时间设计

"上课铃声响，快快进课堂……""下课铃声在响起，小朋友们下楼梯……""放学铃声丁零响，拿起书包回家啦……"在传统学校生活中，时间管理具有极强的预设性与权威性。一年级新生入学，要掌握的第一项"常规"就是听铃声行动。铃声响，所有师生都必须按规定时间在规定地点开展规定性活动，无论这一活动是提前完成还是尚未结束，都只能也必须按预定时间表结束。因为一旦时间表确定，则轻易不能更改。

时间是学校最特殊、最重要的教育资源。然而，时间与时间规划对于学校教育的真正意义究竟是什么？这是"新班级教育"一直在思考的问题。在新的学校生活中，我们必须重构学校的时间观，让时间为学生和学习服务，而不是让学习为时间所钳制。

"弹性时间"成为"新班级教育"的第一步尝试。学校的时间安排应该遵循学生的身心发展规律，服务于学生的学习需求和生长需求，关照师生和家庭的真实生活需要。在不增加时间总量的前提下，我们通过弹性设置教学时间、作业时间、活动时间和课后服务时间，并通过大小

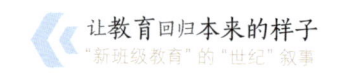

课、长短课相结合的方式，构建起长短不一、灵活自由的教育教学时间布局。

在实践中，我们进一步发现，为确保时间弹性，我们需要一种更符合学习规律、更科学的时间单位。于是，"时间模块"应运而生。我们基于学生认知发展规律，将每个基础课时模块时长设定为30分钟，包括8分钟的课堂作业时间，这样既能最大限度地减少学生的注意力消耗，也能帮助学生更好地吸收所学内容。教师可以根据实际需要，灵活设置时间模块。像低年级的语文课30分钟足够，口语交际课就15分钟，多出来的时间可以设置一些长课。比如作文课，40分钟明显短了，时间重构后，就可以开设60分钟的作文课，效果就很不错。再如跨学科主题课程就需要2~4个模块，以保证学生能够完整体验问题提出、分析和解决的全过程。师生按照时间模块展开教学活动，长课与短课相结合，增强学生学习的节奏感，这是时间重构。

更进一步，世纪城还尝试每周拿出一天来开展"无铃声日"，这一天的上下课时间由师生根据学习情况自主把握。我们通过实行错峰到校、离校时间以及设置闲暇时段，提供教师和学生一定的可选时段，进而形成了"一生一策""一生一表"的崇文实践。这样既能缓解教师的职业压力，帮助学生提升自我管理能力，也为家长接送提供了便利，有效为师生和家长的身心"减负"。

时空重构，向未来的教育

2018年8月20日，国家及省市30余家媒体记者齐聚杭州市崇文世纪城实验学校，同时出现在校园的包括杭州市钱江世纪城党工委副书记、管委会副主任姚鉴，杭州市钱江世纪城管委会副主任董宁，杭州市钱江世纪城办公室、规划建设局负责人，崇文世纪城实验学校家长委员会代表和崇文世纪城三至五年级小海燕。这一天，是崇文世纪城学校"新班级教育"实验课程发布的日子。

发布会后，我和俞国娣校长引领媒体朋友们参观了校园。占地面积60余亩的校园，教学区、阅读区、休闲区、养殖区、实验区、储藏区……各个空间功能相互叠加，各个课程也被分为不同的时间模块，在哪里学习，花多长时间学习，空间和时间，在这里都可以自由优化组合。

"在一个学期的学习中，我们会安排三分之一到四分之一的时间，对孩子们的学习内容进行时空重构。"俞校长介绍。在这个综合体内，通过一次次的时空重组，孩子们将完成一个个"项目学习"。比如种蔬菜这件事，孩子如果喜欢的话，就会找一个科学老师组成小组，在楼顶的农场进行实践。在这个过程中，既学习了气象知识，又知道了蔬菜成长过程中什么时候得浇水。"最终，菜长得好不好已经不那么重要了，重要的是，当孩子们全心全意完成一件事情时，懂得求助，善于筛选什么是重要信息。在信息爆炸的时代，这些技能对孩子都很重要。"

又比如，我们的地下有一个未来课程空间，在这个空间里，喜欢电脑的孩子可以玩电脑，喜欢美术的孩子可以学设计。在这里，我邀请媒体记者和崇文小海燕一起进行了课程体验，介绍说："我们把电脑和美术课程结合起来，两个课程的老师一起授课，实现了空间的重组。"每个孩子的爱好不一样，天赋不一样，都是丰富的矿藏。"我们不能用采金矿的方式去采石油，只有用合适的方式，才能把每一个孩子大脑的潜力激发出来。"

"课程时空重构的目的只有一个：每个孩子都有差异，块状长时设置和多维空间整合,更有利于锻炼孩子的身心,助力个性化发展。"俞校长向媒体总结。

　　此时,崇文教育集团刚刚成立两个月。崇文世纪城学校作为"新班级教育"学习时空重构的试验田,也将在崇文教育集团序列中充满个性地发展起来。

故事5

今年暑假不放假

2018年7月，项镇南老师担任本年度崇文新加盟教师培训班班长，负责传递信息和汇总资料。他刚从浙江外国语学院毕业，作为小学教育专业中为数不多的男生，曾前往美国威斯康星大学交流学习一年。像这样简历的新加盟老师，同届中还有很多。这一年，崇文世纪城实验学校即将在萧山大地上精彩亮相，因此，本年度新加盟教师特别多，足有35人。暑假前，项班长收到了三份来自崇文教育集团的工作方案，需要一一传达。

第一份方案：TO新加盟教师

能够加盟崇文大家庭，新教师在骄傲与自豪的同时，也难免会产生一丝胜任感的焦虑——因为崇文的要求很高。收到《崇文研学社·2018加盟者培训方案》时，项班长松了一口气，立刻把方案发布到新加盟教师群里，老师们眼前一亮，也松了一口气。

自7月9日起，学校提供5天集中培训。培训目的：1.使新加盟崇文的教师基本了解"学校文化""新班级教育""新班级生活"实验的主要成果，基本特征、理念和操作方法；2.使新教师能够初步掌握学校各职能部门的常规工作及工作要求与规范，以胜任"新班级教育"教学工作；3.使新进崇文的教师基

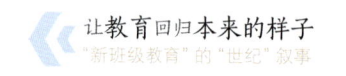

本掌握信息技术、学校工作平台的操作技能，了解崇文的工作方式与交流渠道，近距离地感受、体验和领略崇文文化，在最短的时间内融入崇文团队，顺利适切地开展教育教学工作。

本次培训邀请了俞国娣校长、虞大明副校长、楼说行副校长等专家，从各个层面和角度对新教师展开了细致的培训。同时，学校还给每位新加盟教师提供了精心编制的培训学习材料，如《"新班级教育"的实践探索》《新班级生活》《"新班级教育"课程理论与实践》《崇文·破冰行动》《崇文78个工作细节》等，供新加盟教师研读自学。在培训的最后一天，以"世界咖啡屋"的形式，分享个人发展规划、教师细节学习体会和个人的培训感想与收获。新加盟者是幸福的，在五天的学习中，对学校有了深入的了解，对"新班级教育"有了更深刻的感悟，对教师这一充满神圣光辉的职业有了更全面的认识，与同伴一同携手，一同进步。

第二份方案：TO全体教师

第二份工作方案是针对全体崇文教师的，包括了新加盟教师和原有崇文教师。全校教师卷入式参加了"新班级教育"教师内涵发展研修班学习活动，希望能够借此机会，构建"新班级教育"的理论基础；提炼"新班级教育"的崇文模式和崇文品牌，总结"新班级教育"推进中班主任的典型经验，探索国际化视野中"新班级教育"创新发展的路径。

7月25日起，活动邀请了浙江大学刘力教授、刘徽教授、盛群力教授，北京师范大学边玉芳教授，浙江外国语学院吴卫东教授等高校专家入校讲座，也邀请了上海新世界双语学校全力校长等一线教育工作者开展指导，同时由俞国娣校长及校内资深教师，进行"新班级教育"实施和课程结构的解读。从编辑大学课本的教授到教育杂志上的大家名家，崇文将国内知名专家学者暑期邀请至校园里开展讲座，不影响平时正常的教育教学节奏，也能够让所有教师全身心地投入培训，提升自我。与会教帅们大呼：这是教育人的饕餮盛宴。

7月30日至8月1日，班主任社会情感培训活动在党建室启动，杭州社会情感教育首席专家傅冠兰与老师们共同探讨学习如何利用正面管教方法教育学生；非班主任开展了理论研修和读书分享活动，在心理修养、理论提升、教育前沿方面进行深入学习与思考，一同感悟教育理论，一同探索教育真谛。

8月2日，全体教师又齐聚一堂，召开"推进课程整合，提升教学质量"的教学工作会议。

学习活动丰富而又充实，有专家高屋建瓴的指引，有课程专家宏观的顶层设计，有实际操作者手把手的指导，更有全身心的体验感悟……崇文教师站在巨人的肩膀上，获得前沿的教育理念与讯息，投射于教育事业的第一线。

第三份方案：独一无二的校园环境布置方案

第三份工作方案是独一无二的校园环境布置方案。

8月6日早晨，全校教师在崇文音乐厅集中。俞国娣校长先进行了动员讲话，接着，楼说行副校长解读了校园布置活动方案。最后，作为世纪城的执行校长，我进行了一场关于学校建筑设计和LOGO设计的TED演讲。

言语勾勒的美好校园让人神往。满怀期待，全体教师来到崇文世纪城校区参观。眼前真实呈现的校园更让人震撼——富有时代感的设计、和谐的色调、高品位的材质，在场的教师都由衷赞叹：原来学校还可以这样建设。校园是所有小海燕快乐学习与交往的场所，同时也是教师教育教学的主阵地。为了提高教师环境育人的能力，校园布置活动以项目形式开展，分为14个项目进行。在8月6日组建团队至8月17日审核验收期间，所有教师将在这片教育沃土上播撒教育的种子，凝聚集体智慧，一同见证奇迹的发生。

在路上

旅行达人朱蕾老师在假期里会陪儿子前往祖国的大好河山游览参观。2018年暑期，原本预订好了机票和酒店，做好了旅行攻略，只待出发。收到学校的校园环境布置任务，作为"一楼走廊"项目的负责人，她要带领组员完成南门厅长方形展示墙的设计与布置、小舞台三角钢琴侧方空间的布置……得到消息的朱蕾老师即刻取消了行程，全身心投入校园装饰布置的设计和构思中。她觉得出国旅行是一种"在路上"，开启新校园的装修布置，也是一种"在路上"，后者更有价值和意义。小海燕们走进校门的第一站，就是一楼走廊——整体色调协调统一，功能区分明显，受到孩子们的喜爱。

大家和小家

田甜老师是一个勇于挑战，喜欢新事物、敢创新、有理想的青年人。这个暑假，恰逢其在杭州刚刚买房，正在装修，但她舍小家顾大家，把自己小家的装修推给了家人，义无反顾到学校去开展环境布置。她觉得自己就是要承担更多，身为美术老师，对学校角角落落的布置都"有权参与"。她与项目组的成员做了大量的前期设计与准备工作，"故事点亮童年"区域就是她和项目组老师们一起设计布置的，最初的设计灵感来源于童年里最珍爱的一个布娃娃。项目组成员一拍即合，分头"淘宝"，邀约历届毕业生将其在崇文学习时留下了最深刻印象的物件拿过来，可以是海燕杯球赛时拼抢过的篮球，可以是在跳蚤市场上买的一件T恤，可以是与小伙伴一起阅读的一本书。这些凝结着童年美好回忆的物件，展示在"故事点亮童年"处，就像是一个小小的时光穿梭博物馆一样，成为孩子们美好童年的定格点。现在，这里还增加了很多名家签名送给小海燕的礼物，像鞠萍姐姐、宫西达也等。每次田甜老师经过这里看到亲自设计布置的地方，看到那些签名和印记就备感自豪。

最佳诠释

在进行校园环境布置期间，学校受到了上级政府、社会、百姓们的广泛关注，参观团体络绎不绝。一次，俞国娣校长领着参观团队走进了二（6）班教室，此时项镇南老师正在细致地擦拭着每一张桌椅。离开前，俞校长向参观团队介绍，不要以为这是学校的保洁人员，这是学校的老师。开学前，我们的每一位老师都会对班级里的每一张桌椅进行擦拭。每一个细节都做到位了，学校才真正做好了迎接学生的准备。

三份工作方案将2018年的暑假安排得明明白白。这个暑假不放假，

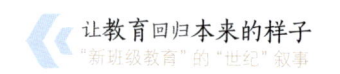

但崇文教师乐在其中,享受其中。用暑假完成培训,完成布置,以最美的状态迎接小海燕到来,才会让儿童喜欢学校,喜欢老师,喜欢学校里的生活。

"这个暑假不放假",不仅是这个夏天崇文世纪城老师们的状态,也是崇文教师的常态。每一个暑假,崇文的教师都可以牺牲假期"泡"在学校里,因为崇文不仅是儿童喜欢的乐园,也是教师喜欢的家园!

故事6

追随·融入·成长

2020年11月5日，一则喜讯从舟山普陀传来：

> 浙江省小学综合实践活动教学评审活动刚刚结束，我校庄锋迪老师喜获一等奖第一名。

这是一位崇文普通教师的高光时刻，值得点赞。

编辑信息，我把真诚的"祝贺！"二字发出去之后，感觉内心有欣喜，同时也觉得这是意料之中的事情——所谓的运气，其实是努力；所谓的偶然，其实是必然。

换言之，庄锋迪如果在其他领域深耕几年，也必能收获佳绩，因为她本就属于悟性高、资质好的教师。尤其这几年，在学校管理团队的努力下，在崇文氛围的影响下，她内在的成长动力被彻底激发了。

原力一旦觉醒，成长，便是指日可待的事情。从庄锋迪老师的成长中，我对于教师的管理与培养，也多了一份感悟。

"舒适区"与"挑战区"

第一次因为工作与庄锋迪老师面谈，是在2015年的夏天。

"谭校长，我对崇文的'新班级教育'特别感兴趣，想了解更多。能否接受我的采访？"眼前这位老师已不再年轻，是上城区（原江干区）一所小学的德育中层干部。

崇文名声在外，被很多业内人士认可。团队接待也是一拨接着一拨，这样被采访也不是第一次了。但这位老师的采访不是任务式的，只是源于其在目力所及范围内搜寻优质教育模式，想要学习、借鉴的愿望。在没有外力的驱动下，在日常已有很多工作与生活的琐碎需要费心的情况下，这份为了教育理想而不断追逐的热情很是难得。因此，尽管手头工作繁忙，我还是选择了答应采访。

她说自己正在攻读教育硕士，在职的，所以依然在上班。寒暑假跟着导师学习，平时就一边实践，一边研究。某天在学校教导处的书柜中发现了《新班级教育》这本书，借来一口气读完，很受鼓舞。后来又去追了俞国娣校长关于崇文教育的主张，深受启发。她说俞国娣校长在论坛上讲的每一句话，都说到了她心坎里。"新班级教育"的每一个理念，她都认同到骨子里。

说这些话的时候，她眼里闪着光。

我不禁想，都已经是崇文教育的"迷妹"了，为什么还来"打探"？几番交流后，我大致读懂了她的意图：确认崇文"新班级教育"的传说与事实是否一致。

得到了肯定的答案，她显得很欣喜，说自己的硕士毕业论文就想做"优化班主任评价"的研究，研究的目的就是为了用评价来提升班主任的育人水平，从而让他们学校的学生也能享受到更加优质的教育。尽管暂时跟崇文不能比，但可以慢慢靠近。

与众多的崇文教师很像：她喜欢折腾，有理想信念，有创意，主动积极，不怕失败。

这样的老师，在普通的学校，怕是待不长久的。

果然，2018年初夏，她表达了想辞职加入崇文教师队伍的意愿，并坦言自己就愿意在崇文做一个普通的教师。虽然在意料中，但还是觉得突然。这时的崇文是民办学校，跳槽过来是要辞职并且脱离编制的。

她有这么大的决心吗？

我又从侧面打探、了解。其实那个时候，她在原单位已经干得很出色，2008年参加工作，2014年因为班主任工作出众而被提拔为德育处副主任，日常协助分管副校长开展工作也很到位、用心。学校里人际关系不错，口碑也很好。

脱编，离开中层管理岗位，从"舒适区"主动走入"挑战区"，她真的有这份勇气与坚毅吗？

虽然崇文很欢迎优秀的骨干教师，我还是很负责任地劝她考虑周全一些，想清楚了或者对崇文有更多的了解之后再做决定。

"我已经迫不及待了。其实编制和行政岗位对我来说都不是必需品，崇文教育在我心目中已经接近于理想状态。追逐理想，总需要舍弃部分已有的。我觉得值得！"

"好！欢迎！可以去投简历，去经历试教与结构化面试。看看你与崇文是否有缘。"

因为前期已对庄锋迪有一些了解，作为学校管理者，我担心自己带着个人印象参与招聘可能会影响面试的公平公正，便主动回避，没参与那个夏天的几场教师招聘面试。结果出来，录用了。我也在心里为她感到开心。

"执拗劲"与"钝感力"

与崇文众多的优秀教师相比，庄锋迪其实并不算是最出众的。虽然我一直很欣赏像她这样能被理想感召的老师，但一段时间下来，大家对这位新加盟的教师褒贬不一。

有人观察到她对学生有敏锐的感知力和洞察力，也有更多的理解和体谅。因此，喉咙不响，依然能把接手的班级带领得井井有条。

有人发现日常的教育教学工作细节她与同事商量得不多，习惯于自己拿主意，还没浸润到携手共进的合作文化中，容易出"bug"。

有人觉得她博览群书，心很静，善于思考，勤于笔耕，很有文采。

有人质疑她的态度，两次读取重要通知信息不够及时，知道自己慢人一拍了也不会很着急，总是淡定从容。这样佛系的老师，能适应高强度的工作吗？

……

听到一些声音后，我特意安排了一次约谈。

"来到崇文还适应吗？压力大吗？对学校有没有什么意见要提？"我小心翼翼地试探，也是怕伤到她。做学校管理，守护的是人心。

"崇文很好呀！虽然忙累，但周边的同事都能主动帮助我，还挺适应的。"

"是啊，大家都觉得你带班带得好，如果有些年级组、学科组的工作更主动一点儿，那就会很完美。"我笑着对她说。

"啊？我比较钝感，谭校长，您能说得细致一些吗？"

看她一脸困惑，我就把我了解到的几项工作说给她听，比如，学科组内主动代课的意识不强等，事情虽不大，但观感不太好。

她立马承认了自己工作中的一些小失误，主要是自己忙于适应快节奏的工作，有时候回应不及时，的确会让人感觉主动性不够。而且之前习惯于独立完成工作，与同事的分享也不够及时。同时她也表达了委屈："若因此就质疑品性或贴上标签就属于偏见了……"

"没有人给你贴标签,只是一些中肯的建议,不清楚多问,有困难主动寻求支持,也要把自己的好经验、好做法分享给周边的老师们!"

"感谢谭校长提醒!我会努力改进不足,尽快融入团队。但如果我觉得是对的事,还会坚持自己的思路和节奏。"

这股"执拗劲"!这份"钝感力"!

我想,融入是要时间的,但融入并不是要抹去教师的个性,作为学校管理者,不需要盯着老师的"缺点"不放,而应扬长避短,尽可能提供支持性的环境,在倡导"我与同伴携手共进"的同时,更好地促进教师最优发展。

赛课那些事儿

1

机会很快来了,庄锋迪老师这些年一直致力于综合实践的研究,也获得不少这方面的成果和荣誉。2019年4月,当区综合实践活动优质课评比的通知下发到学校,行政会一致认为她是参赛的最佳人选,于是决定派她参加。

同一天午间巡视校园时,我看到她把工作用的笔记本电脑搬出了教室,在教室边上的港湾,查阅资料,修改课件,很专注。我没忍心打扰她,于是几步路走到教室,发现她的配班田甜老师正陪着学生自习。

"代理班主任好呀!管班累不累?"我问。

"咋会累呢?庄老师有比赛任务,需要静静。应该的。举手之劳。"

这样的画面着实打动人。

我们崇文向来崇尚"同伴携手共进",这并不容易办到。因为"合作"需要发自内心,被要求的"合作"本质上不属于"合作"。

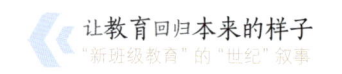

有专注，也有协助。这样的队伍，这样的习惯，真好。

2

不久，庄锋迪老师捧回来"上城区优质课一等奖第一名"的荣誉。真是好消息！

不过，上城区教育学院会不会让庄老师代表上城区参加杭州市的赛课呢？这是个问题。因为那段时间，崇文教育集团的所有老师都是跟着上城区开展教研培训的。但，作为集团成员之一的崇文世纪城实验学校地处萧山，这就出现一个尴尬点，如果上城区教育学院派庄老师参赛，等于是在替萧山区栽培优秀教师。

可是，对一位教师的成长来讲，荣誉和机会都是非常重要的鼓励。学校行政团队打算去积极争取。恰好教研员也有类似的担忧，打电话过来沟通。好在我们跨江的两个校区之间，教师是流动的，所以最终达成一致：让庄老师以"崇文实验学校教师"的名义代表上城区去市里参赛。

跟"名义"相比，教师的成长才是实实在在的事情。我们希望任何一位教师都能有机会在崇文这片土壤里找到适合自己的成长方向，更何况是对崇文平台投注了理想信念的优秀教师。学校的行政团队理应为其保驾护航。

任何一位老师一旦沉浸到专业成长中，就会越做越欢，越做越长。

3

2019年9月19日，从千岛湖赛课现场传来了好消息：

庄锋迪老师取得了杭州市综合实践活动优质课评比一

等奖。

据说，在她所在的那个赛场是毫无悬念的第一名。果然不负众望！

教研员来报喜，陪伴她一同前往参赛的年轻的刘娟老师也非常欣喜，身为配班守在班级里顶替庄老师一部分工作的田甜老师更是兴奋。

2020年6月，从杭州市基础教育研究室再一次传来好消息：

> 经过激烈的PK，庄锋迪老师超越了另一赛场的第一名选手，拿到了代表杭州市去浙江省参加优质课评比的机会。

教研员再次报喜，那一次陪伴她一同前往参赛的是年级组长郑玲雅老师，身为配班守在班级里顶替庄老师一部分工作的换成了方媛媛老师。变的是岗位中的人，不变的是同样的兴奋。

在崇文，这样的情况经常出现：

你得了奖，我比你更高兴！

我为你喝彩，也为自己的付出喝彩！

这是属于我们团队的荣誉！这是我们崇文的骄傲！

教师团队是这样，学生团队也是如此。作为团队中的一员，我也时常因此而感到骄傲、感动。"与团队携手同行"，在崇文不是挂在嘴上的口号，而是全体崇文人的一致行动，是崇文团队刻在骨子里的习惯。

我打电话询问："庄锋迪，这次获奖之后有何感受？"

"比赛时间拉得太长啦！给予过帮助的人也太多太多，奖状都不够分了。最终留给自己的，可能只是奖状的一个小角落。下次，有其他老师去参赛，我也会像给予我帮助的老师一样做！"

她的声音里，满是喜悦。有此领悟，是她的福分。

4

备战省赛期间的经历，更是让人感动。

说实话，尽管我们的教师队伍善于合作，与团队荣辱与共，但我们学校的老师，尤其是班主任，外出参赛还是很不容易的。

主要难点在精力的分配。

学校丰富的活动带给老师们更多实践与思考的机会，同时也留给老师所剩不多的业余时间。

庄老师这样描述自己的经历："有几次，真的让指导的教研员为难了。"

应该精心磨课的时候，恰逢学校艺术节课程。那一周，每位老师都没空闲，很难找到可以顶替班主任工作的老师。那么，崇尚"学生活动大于天"的崇文教师，怎么可能弃学生的体验于不顾？

需要拿着参赛资料找教研员审核并优化的时候，恰逢农事体验课程。当教研员打来电话指导时，手机紧贴耳朵还是听得不够清晰，听清了也不方便记录要点，因为此时的庄老师正带着学生，赤着脚在池塘里抓鱼呢。

……

确实如此。为了学生充实的六年校园生活，我们的课程很丰富。除了日常高效的教学，老师们不是在组织学生活动，就是在准备下一场活动。可以说，每一位班主任，任何一个月去参赛，可能都需要面临这样的问题，都需要智慧地处理好工作与比赛准备的精力关系。

省赛前一段时间，庄老师带着"课大于天"的理念撑着，最终还是楼说行副校长主动提出来给她三天假期。

"对于有比赛任务的老师，能给予帮助时我们尽力帮忙。没什么好帮的时候就给予时间和空间。"这是楼说行副校长的原话。

有这样竭尽全力的业务管理者，我也很感动。很多时候，师生的潜能就是这样被激发出来的，能力也是这样被锻炼出来的。

这一次，庄老师跌跌撞撞却扎扎实实地经历了从碰壁到反思的过程，我相信与此相伴的还有行为模式的重塑。所以最终的奖项已经不是太重要了，更重要的是她在过程中解决问题时的态度、解决方法上的优化、思维方式的改变。

作为管理者，一路鼓励、鞭策教师成长，此间耗去的时间不是浪费。每一名教师摸索、碰撞、苦恼的过程都是有价值的。因为，一位教师经历得多了，体验丰富了，今后采取行动时，才会更有准备，更有办法，沟通合作也会更高效。

在这个充满挑战和困难的世界，我们每个人都想成为一个闪闪发光的存在，但面对现实的压力和困境，很多人会失去向上的力量和勇气。拥有一份"迎难而上"的品质，弥足珍贵。

▢ 角色互换的采访

对每一个成年人而言，自我教育的重要性不言而喻。无论我们想在某个领域进一步提升，或学习全新的技能来适应不断变化的世界，都需要进行自我教育。显然，庄锋迪老师的自我教育是比较成功的。

这一回，轮到我去采访庄锋迪老师了。

她坦言，定力主要来自领导团队的信任、守护与鼓励；动力主要来自身边优秀且敬业的小伙伴，以及小伙伴们无私的助力。她还特意把赛课的过程和体悟提炼了三句话。

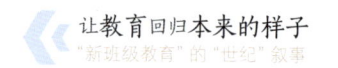

第一句:"精彩极了"与"糟糕透了"。

第二句:我们只是点了根火柴,你才是光。

第三句:不追风,抓本质。

围绕这三句话,她讲述了三个成长片段。

"精彩极了"与"糟糕透了"

市赛的前一天晚上,由于过度兴奋,一宿没睡,躺在床上开始批判自己的教学设计,脑补了很多课堂上可能出现的情况,根据可能的预测设计了一系列化解策略。

第二天正式借班上课时,状态依旧很饱满,我根据课堂生成抓住几个关键点开启与学生的互动:创设情境,发现"点"(兴趣与难点)——互动交流,解析"点"(要素与内涵)——组织讨论,形成"点"(方案与思路)——组织展示,分享"点"(过程与结果)——反馈反思,完善"点"(方案与思路);从"激活经验,产生问题"到"解构问题,建构概念与思路",再到"形成问题解决路径""阶段成果呈现""理清思路""承前启后,导向深入",课堂结束,松一口气。因为自认为表现得很从容,课堂组织比较顺利,从评委的眼神中我看出了"精彩极了"的鼓励,便带着疲惫与一丝欣喜回到当时的区教研员庄秋瑛老师身边,想讨几句夸赞,以抚慰一段时间的艰辛。但迎接我的是一连串的质疑:"刚才的板贴怎么是这么用的呢?设计得这么好,实施起来打折扣了,还要再想想。""还有,刚才你称呼四年级的学生'小朋友',科学吗?你的课堂语言还存在问题,要再锤炼。"期待落空的我内心有一种"糟糕透了"的感觉。我挺沮丧的，流下了不争气的眼泪。

那一次，我的眼泪也勾出了教研员的泪，她几乎也是哭着叮嘱："看好你，才会对你严厉。记住，小伙伴再怎么夸赞、溢美，你都不能沾沾自喜，反而更要找寻糟糕的地方。不然，你在这个领域中的进步是有限的。我们综合实践课程一定是走心了才有实效，要想走心，就要研究学生、读懂学生，容不下一丁点儿肤浅与自以为是。"

这一次尴尬又特别的对话，我记忆犹新，也感恩至今。希望学生和孩子能越挫越勇，作为老师和母亲，我自己做到了吗？理想的指导语言应该充满魅力，简洁有力，我行吗？理想的生本课堂推进应有深厚的文化底蕴和课堂机智支撑，我有吗？确实，我离理想的标准还有距离。

是差不多就行了，还是尽力追求卓越？生性好强的我选择了后者，开启了安安静静的反思之路。

我们只是点了根火柴，你才是光

一段时间后，庄秋瑛老师光荣退休了，新任的上城区教研员蒋敏老师继续指导。蒋老师与众不同，颇有魅力，如姐姐般亲切耐心又如师长般严格要求。给予倾情指导的，还有市教研员俞丽萍老师。当她们得知我日常工作特别忙碌又比较喜欢自己扛，便替我联系学校领导班子尽全力支持，给予我探索、实践的空间和时间；在我思索、探寻、迷惘时给予适时的启发，因需而导，成为备赛时强有力的后盾，助力我一步一步靠近综合实践活动课程组织指导的真谛。

要说陪伴时间，工作室的导师楼说行副校长是最长的一位，也是影响我最多的人。可能是优秀的管理者都善于做"学情分析"，总感觉她很了解我的个性特点，像一位智慧的哲学家，飒爽利索，一针见血。所谓"友直，友谅，友多闻"，也不过如此了吧？此外，楼副校长还在专业上提供了很多智慧支持。多少次，悉心指导，启发我思考，陪伴我修改到深夜；多少次，不厌其烦地引荐她自己的徒弟（区域学科前辈）一起研讨助力，倾囊相授。

最终，省优质课比赛在舟山落幕。因获得了第一名的好成绩，身边又出现了不少祝福、夸赞的声音。这一次，我的心态就没有飘了，内心多了一份平和与坚毅。参赛时的设计是在团队的助力之下打磨的，很精彩的点子是站在学校的课程平台以及前辈的肩膀上才生发出来的，荣誉其实应该归功于提供助力的每一位。至于自己，确实是努力了，但未来仍须持续学习、步履不停。总之，我清晰地认识到，学校的平台助力和区域教研平台的助力，都是夺冠的重要原因。当我忙完赛事，回过神来向大家表达感谢时，她们却说："我们只是点了根火柴，你才是光。"

这句话，又让我沉思良久，感恩至今。

"你高，我便退去，绝不淹没你的优长；你低，我便涌来，绝不暴露你的缺陷。"如水一般倾情助力、涤荡身心，多么无私、有爱的师父们。

不追风，抓本质

由于参赛，我与省教研员方凌雁老师也有了几次接触，她一丝不苟的态度、安静细致的风格、大气包容的格局也感染了我，并在日后影响着我，鼓舞着我。好几次听她发言，都是那么真诚、自然。让我印象最深的是方老师反复提到的一句话："不追风，抓本质。"淡定从容又坚定有力。

参赛后，比较明显的改变是我会尝试着在课堂上用最大限度的设计留白去争取开放、动态、生成的课堂，优化小组合作与组间交流的方式，更好地激励学生自主探索、自我调整。哪怕这是一堂语文课、道德与法治课，甚至是一次午间谈话。我开始教得很少，导得很多，日常班级管理中的师生互动都有我所理解的综合实践活动的影子。综合实践活动的种子已经埋在我心里。因为学生成长效果很不错，我引以为喜，还把设计经验分享给集团的小伙伴们、区域的同行们。那段时间于我而言，综合实践活动已经不是个学科或课程群，而是一种可以无所不在的先进的理念与交互方式。在日复一日的实践中对于教育教学有了更多的反思：课改风云变幻，不变的是"人的成长"。

尽管课程"态无一同，影有万变"，但这的的确确是促学生真实成长的进步主义课程。

在日常实践过程中，我已经深刻体会到学生面对的真实问题往往结构不良，他们在小组合作解决问题的过程中常会产生非预期的结果，综合实践活动的指导并没有捷径，不然就会沦为快闪式的虚探究或程式化的假探究。老师的设计引导不是"请君入瓮"而是"因需而导"，唯有脚踏实地、将心比心，才不会迷失在现象中，才能"不追风，抓本质"。

如果学生发出的每一个问题都能被看见、被重视，学生会更爱综合实践活动课程。反思我自己在选题指导过程中，曾在合并、扩大、更换这些细节的处理上还是不够妥当，应该想办法让学生发出自己的声音，不能打着"导"的名义让学生在短时间内放弃或妥协。关于"倾听、串联、反刍"我得多加练习。尤其是倾听，大有深意。

如果学生在课堂上的互动不以老师为中心，也许探究收获会更多。"撤掉讲台，游走于学生之间"是我曾经执教综合实践活动时的模样，曾一度引以为傲，但实际上这只是更接近于"平等中的首席"而已，实际上还没上升到对话的本质。如果学生发言时没有致力于与前一名学生相呼应，而是习惯于与老师沟通，实际上还是不能算"协同学习"。

如果我的课堂用语能更加准确精练、意向丰富、温和舒适，也许协同探究的达成度就会更高。那么在日常生活中我就要进行"惜语"的习练，以提升语言的"洗练度"。

如果前置的活动不带有过多目的，或许效果会更好。教学还没有开始，学生就如饥似渴地投入学习中去，这是值得追求的境界。课例研究得致力于让每名学生都自自然然地怀着雀跃的好奇心，让交流如同丝线一样纤细，让协同学习的情景如同织物一样鲜明。

自在的瞬间来之不易，有效的生成需要用心邂逅，每向前一步都是惊喜，如此有魅力且有挑战性的活动课程将是我今后持续探索的课题。

交流时，庄锋迪老师的语言像南方的积雪一样，给人以片段式的印象，虽不像"流水"一样连贯，却充满真诚。她说："其实还有很多引导我突破自己的小事儿，但这三个小故事算得上是这几年最珍贵的成长回忆了。"

一个人真正的成长应该同时伴随着"能力的持续提升""动力的升级"和"心力的增强"，否则不可持续。从这个意义上讲，学习不仅是知识经验的增加，也不仅是看问题更加清晰，处理问题的能力更强，而是一个人心智的提升。大众心理学认为，提升心智分为七个阶段：

1.对自己毫无察觉和反思，行为完全依托于本能。

2.开始关注行为背后的原因，思考为什么不这么做。

3.逐渐接纳自己，减少内耗，心态趋于平和。

4.长期的觉察和自我关注，行为开始趋于知行合一。

5.进入稳定的专注状态，外界很难再干扰到自己。

6.生命力创造力逐渐增强。

7.开悟阶段，这个阶段会找到人生的高级使命和目标，专注恒久，为之奋斗。

崇文世纪城创校以来，像庄锋迪这样，因追随崇文教育理想，放弃大部分人艳羡的编制，毅然加入崇文大家庭的教师多达十余人。如何让这些教师在获得专业成长的同时，获得心智的提升？这是我们学校管理者的重要使命与需要不断探究的课题。

Act 2 **抒情的中板**

筑梦：
"新班级教育"
的一场新变革

|2018年9月1日至2022年7月31日|

述评三 **梦想起航**
让教育回归本来的样子

又到一年开学季。2018年9月3日，星期一，崇文世纪城学校迎来了一至五年级的孩子们。这是"世纪崇文"诞生以来的第一批学生，是"世纪崇文"开篇之际迎来的第一批"世纪海燕"。今天他们将参加"世纪崇文"的第一次开学典礼！

一大早，学校全体行政、各班班主任就在西大门和南大门迎接每一名小海燕。小海燕满怀欣喜，见到班主任老师后，个个兴奋不已。在班主任的引领下，小海燕进入教学楼，在校园的不同活动区拍摄了第一张属于自己的"世纪留念"。

一年级的小海燕和俞校长一起放飞了承载着梦想的纸飞机，他们知道"世纪崇文"就是他们梦想开始起飞的地方；二至五年级的小海燕书写了自己的梦想，并且张贴在了船帆上，预示着梦想起航

开学典礼在俞国娣校长的致辞中拉开序幕。紧接着，小海燕代表朗诵的诗歌——《崇文世纪城，梦想起航的地方》揭开了本次开学典礼的主题：梦想。

新学期，新校园，新梦想，新征程。"新班级教育"将在世纪崇文，再创世纪。

四校区三中心，"新班级教育"深入推进

2018年的杭州，正处于"后峰会、前亚运"的历史新起点，"加快建设独特韵味别样精彩的世界名城"的进程在不断推进。从"沿江发展"到"跨江发展"，要实现城市空间从"三面云山一面城"向"一江春水穿城过"嬗变，作为重要的民生工程——建设"美好教育"，实现基础教育的优质均衡，也是助推杭州城市建设的重要一环。

11月8日，钱塘江南岸的萧山，2018中国杭州名师名校长论坛之杭州市崇文教育集团分论坛暨崇文教育集团揭牌仪式，在崇文世纪城学校举行。

崇文教育集团揭牌

崇文世纪城师生演绎崇文历史

这天，崇文世纪城校园的中走廊成了独特的"时间长廊"，崇文师生用行为艺术的方式向八方来客展现了全国第一所全面实施"新班级教

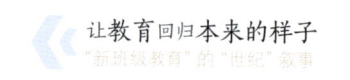

育"的学校的400年发展之路。崇文教育集团在这条时间长廊再现其发展历程,也首次以"四校区三中心"的崭新姿态亮相,成为杭州第一个拥江设立的名校教育集团。杭州优质教育资源,终于打破了一条江的间隔,实现了区、市的深度融合和均衡发展。

"四校区"指崇文教育集团下属的四个办学实体(崇文实验学校、崇文世纪城实验学校、崇文书院幼学园、理想国幼儿园)。四个办学实体平行并列,打破了传统的总校和分校划分,各有特色与侧重。崇文实验学校注重给学生丰富的学习经历、多样的学习方式;崇文书院幼学园着重培养男孩精神;理想国幼儿园则在科学探究精神上做足了文章;而揭牌仪式所在的崇文世纪城实验学校,在设计之初就承担着"新班级教育"更深层次探索的使命——对课程进行时空重构。

"三中心"分别指崇文教育集团下的办公中心、"新班级教育"研究中心和外事外教中心。其中,办公中心主要负责人事聘用等,"新班级教育"研究中心主要负责课程研究、师资培训等,外事外教中心主要负责外教聘用、对外访学等。这三个中心就是四个校区之间的网状纽带——在各自领域负责四个校区的资源优化配置,使得四个校区虽然是独立法人,但是在教育资源上是统筹联动的。"三个中心"的设置,是崇文在教育治理上的创新,成功破解了集团化办学中"牛奶稀释"的共性难题。

在集团化办学过程中,"新班级教育"的实验改革、管理模式的重构、各校区的特色发展等诸多创新举措都在全国起到了示范和引领作用,形成了独特的"崇文样本"。所有的崇文经验,又通过"三个中心"进行管理输出,赋能更多的教学实体,实现高品质办学。以崇文世纪城学校办学为例,早在两年前,崇文就开始了对新校区的筹备,办公中心负责新教师的储备招聘,"新班级教育"研究中心负责"新班级教育"的研究及对新加盟教师进行培训,外事外教中心负责外教的聘任和外事活动的设计与实施。崇文世纪城学校一投入使用,"三个中心"随即把储备好的资源投入新校中。因此,招生伊始,崇文世纪城学校就是一所高品质高起点的学校,是"新班级教育"在城市转型升级中的样板学校。

○ 育人为先,"新班级教育"的核心使命

2018年,全国教育系统深入学习贯彻落实习近平新时代中国特色社会主义思想和党的十九大精神,全面深化教育综合改革。这一年,党中央召开新时代首次全国教育大会,习近平总书记发表重要讲话强调,培养德智体美劳全面发展的社会主义建设者和接班人,教育的首要问题和根本任务成为振聋发聩的时代之问。

这一年,冬奥会进入了北京时间,人民对美好生活的期盼变得越来越具体。在对美好教育的需求中,育人为先的目标也越来越清晰。

早在2016年,中国学生发展核心素养体系研制出台,崇文就率先提出:看不见的素养远比看得见的分数更重要!那些在学生身上真真切切存在但无法评估表达、难以清晰陈述的东西,恰恰是更重要的素养。"新班级教育"要"育分",更要"育人",提出了培养"存德性、明自我、会学习、擅交往、广视野的崇文小少年"的育人目标,主张以德为先、学以致用、主动探索、合作探究、实践创新,让每一个生命在关怀下自由成长。

世纪海燕的开学第一课,从树立梦想、歌唱祖国开始。2018年开学首月,最会讲故事的鞠萍姐姐走进学校,给小海燕讲自己小时候的梦

想，鼓励小海燕要实现自己的梦想，就要立下适合自己的目标，并朝着这个目标不断地努力；校长和老师们戴上红领巾，通过"祖国妈妈我爱您"主题队会，和小海燕一起用嘹亮的歌声唱响《大中国》《歌唱祖国》，连学校的外教老师们也加入传唱经典的队伍，用中文演唱《草原上升起不落的太阳》。当月召开的全国教育大会上，学校楼说行副校长前往北京参会，并代表崇文世纪城做了《以德育德，以德立生》的发言，指出，世纪崇文坚持教给学生知识和文化，更教给学生做人的道理，充分利用社会各界资源，积极探索活动育人新模式，用符合小学生身心特点、受学生欢迎的方式开展活动，将社会主义核心价值观，将德智体美劳的培养融入活动的全过程，引领他们向善、向上，成为合格的社会主义接班人。

在歌唱祖国的歌声里，崇文世纪城学校首届艺术节、运动会开幕，小海燕化身运动少年、歌舞达人、小小书画家，各展所长；学校充分利用课堂内外时空，艺术超市、个人画展、闪亮街头秀、儿童话剧场纷纷亮相，为小海燕搭建艺术展示和体

"艺"彩纷呈，运动向上的校园生活

验平台；邀请艺术大师走进课堂，开始"艺术沙龙"，让小海燕跟着大咖沉浸体验，品味不同的艺术形式，感受艺术的独特魅力。其间，书法大家戴家妙教授和小海燕一起挥毫泼墨，书写《少年中国说》，传承翰墨书香；游泳世界冠军杨雨作为嘉宾参加学校小飞鱼游泳队成立仪式，为队员颁发队标，给小飞鱼们加油打气，并受聘担任学校首位校外辅导员，给游泳队队员做起了专业辅导。

此后，伴随着节序从霜降走入立冬，崇文世纪城竺可桢气象站正式运行，它是一个标准化全自动的校园气象观测站，它还是萧山区气象局设立的观测点，采集的数据会收集到气象局进行气象数据交换；崇文美术馆开馆，吴昌硕、康有为、齐白石、黄宾虹、潘天寿、张大千、沙孟海等中国近现代史上鼎鼎有名的书画大师、文化巨匠的书画真迹入驻展出，开全国中小学美术馆之先河；2000多平方米的屋顶阳光农场迎来了首批签约家庭农场主，小海燕以家庭为单位，免租金承包学校农场土地

小海燕在竺可桢气象站与阳光农场活动

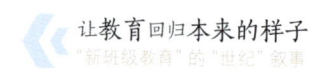

一垄，全家一齐体验劳动的艰辛和收获的喜悦……

"新班级教育"始终坚持培养全面而有个性的社会主义接班人和建设者。世纪崇文德育、智育、体育、美育、劳动教育"五育"并举，关注每一个孩子的成长，让每一个不一样的孩子都能找到最适合自己的舞台，都有出彩的机会，成长为"大写的人"。五育并举，全面育人，在世纪崇文衔华佩实。

○ 优质高效，"新班级教育"的根本追求

国家强，则质量必须强。党的十九大正式提出"高质量发展"战略，各行各业都在积极推动质量变革创新。此前，俞国娣校长就在多个会议上，发出了崇文的质量主张：教育追求的根本目的不仅是"教学质量"，更是"教育质量"。

2019年6月，中共中央、国务院《关于深化教育教学改革全面提高义务教育质量的意见》发布，围绕全面发展素质教育、提高课堂教学质量、建设高素质专业化教师队伍、深化关键领域改革等方面存在的突出问题，提出一系列有效举措。紧接着，中共中央、国务院《关于深化新时代学校思想政治理论课改革创新的若干意见》《关于减轻中小学教师负担进一步营造教育教学良好环境的若干意见》《关于全面加强新时代大中小学劳动教育的意见》《深化新时代教育评价改革总体方案》《关于全面加强和改进新时代学校美育工作的意见》《关于全面加强和改进新时代学校体育工作的意见》等一系列文件先后出台，贯彻落实全国教育大会部署，全面构筑起培根铸魂、立德树人、德智体美劳全面培养的高质量教育体系，推动我国的义务教育进入由基本均衡向优质均衡迈进的新阶段。

"二月满城愁风雨，春在崇文荠菜花。"世纪海燕的2019年在雨水叮咚中开篇。新学期的第一件大事，就是阳光农场的大丰收。来到田间地头，自然要撸起袖子加油干：收菜、捋菜、洗菜、择菜、分装……海

一年一度红领巾跳蚤市场

小海燕经历"科学家"课程

燕严选的菜品，直接摆上了红领巾跳蚤市场的爱心货架。3月5日，崇文世纪城首届"学雷锋，献爱心"红领巾跳蚤市场火热开张，小海燕以行动致敬雷锋叔叔。紧接着，崇文世纪城首次"科学家"课程开启，主题日、体验日、研究日、挑战日、总结日，连续一周，小海燕抛开课表，花式沉浸于科学学习中，感受科学的魅力……

4月，在书香与墨香中，"国礼书画家"寒石教授走进崇文世纪城，和书法社团的小海燕"以字会友"；"超人气"绘本作家宫西达也走进崇文世纪城，和海燕书迷分享"恐龙爸爸"的秘密故事，亲密互动；最激动人心的是小海燕自己的美术馆——崇文美术馆正式开馆，小海燕可以在这里体验中华传统文化的精妙，创造美、展现美、传承华夏大美。世纪崇文丰富的美育活动，让世纪海燕都能展现出自己最美的样子。

小海燕和"恐龙爸爸"宫西达也合影

浙江美术协会主席肖峰先生、书法家戴家妙先生、萧山区教育局副局长夏国良先生和崇文教育集团俞国娣校长为崇文美术馆揭牌

　　课程是学校育人的重要载体。在开足开齐国家课程的同时，崇文一直追求特色发展，设计了"新班级教育"的语文与艺术领域、数学与科学领域、社会与综合实践领域、英语与国际理解领域和体育与健康领域等五大课程领域，并针对国家课程实施中分科与综合不平衡、知与行脱节的问题，形成了"知行创"国家课程综合化和实践化实施模式。"知行创"以各类主题为统领，以知学、行思、融创三类课程体系为核心，涵盖"新班级教育"五大课程领域，既落实好国家育人目标、课程方案和课程标准，又充分结合学校和学生情况，因校制宜，高质量实施国家课程。

　　除了整合课程，世纪崇文还通过重构学习时空，在学习方法上做了改变。"新班级教育"的课程多采用体验式合作学习的方式，走班教学。同时，崇文世纪城还有很多注重体验和合作学习的短时课程，一般为期一周。如前文所描述的基于"学科+"的"爱心市场"专题课程、"科学家"专题课程等面向全学段的专题活动课程，以"校园节"的形式贯穿一整个学年。又如三年级走进社区、四年级生存训练、五年级国防教育、六年级农事体验和毕业秀等各年级活动课程，以及悦读社、书画社等社团自选课程，等等——立足于课程的功能层面，对学校课程体系进行了再定义，构建了基础性课程、拓展性课程和定制课程三个课程层次，以实现课程夯实基础性知识、涵养多元兴趣和助力学生潜能开发的功能。

评价不变，课程的变革难以真正形成驱动力。崇文世纪城第一个学年的期末阶段，一、二年级的小海燕参与了期待已久的"ARE"课程。"A"课程为过关生量身定制，由校内走班和外出实践两大块组成，最大的特色是根据学生的年龄特征和兴趣，多学科整合，选用课外素材，从而开阔学生视野，丰富其学习体验，并帮助提升学习能力；"R"课程为非过关生定制复习内容，学生通过操作、表演、练习等形式进行走班复习巩固，既符合低段学生的心理特点，又能充分调动学生的积极性，让复习课做到既高效又好玩；"E"是游戏课程，小海燕们在一个

小海燕完成"ARE"课程，获得"Pass"章

个游园点，用自己的所学知识进行游戏闯关，在欢乐的氛围中评估小海燕的学段发展情况，为一学年盖上大大的"Pass"章。此外，中高年级的小海燕也通过不同的评价方式，为自己的世纪崇文元年画上了句号。如，在保留纸笔测验的同时，开发情境化测试，凸显评价的真实性；利用分项等级评价、表现性任务、成长档案袋评价等方式，关注学生的点滴进步；采用创新发布会、自主申报特长等方式评价学生的综合素养，同时配备"学习者画像系统"，为评价提供精准支持。

《国家教育事业发展"十三五"规划》指出："充分发挥教育评价对科学育人的导向作用，把促进人的全面发展、适应经济社会发展作为评价教育质量的根本标准。""新班级教育"多维探索创新评价方式，促进学生的全面发展，让学生在成长过程中，能够"人人都出彩"。

课程与评价的关键领域变革，让世纪崇文交出了一份高质量的纪元答卷，也通过时空重构、课程重构、教学重构和评价重构，开启了重构儿童学习的"新班级教育"实践。学校先后在该年6月和7月获评"浙江省中小学劳动实践教育项目试点学校"和"2019年第一批省义务教育标准化学校"。12月9日，2019中国杭州名师名校长论坛之"高品质学校发展分论坛"在杭州市崇文世纪城实验学校举行，国内知名教育学者、全国著名校长和教育部名校长领航班、长三角名校长班优秀学员参会，共商"丰富育人途径、提升育人实效"。论坛期间，崇文世纪城实验学校的每个班级都向与会代表开放，与大家分享崇文主题协同教学的实践成果，直观展现了世纪崇文的高质量育人成果。

○ 师道传承，"新班级教育"的根柢磐石

教师是提高教育教学质量的源头活水，教师强则学校兴。2018年9

2019中国杭州名师名校长论坛之"高品质学校发展分论坛"

月7日,在崇文世纪城全体教师和钱江世纪城管委会黄国钧书记的共同见证下,每位教师都佩戴上了属于世纪崇文人的首个工牌。这是属于首创团队的荣耀,也是学校和社会寄予的重托与责任。在俞国娣校长的带领下,全体教师重温崇文教师信仰:我们坚信教师推动学校发展,我们追求学生个性发展,我们崇尚与同伴携手共进!

从老一辈特级教师的不老传说到"90后"新生力量的魅力青春,崇文教师文化在传承中生生不息。

"新班级教育"是一项系统的教育改革实验,在实践中难免会碰

崇文世纪城首创团队授工牌

崇文世纪城教师重走杭徽古道

壁、走弯路，只有勇于挑战、敢为人先、坚持不懈，才能善作善成、走出新路。崇文世纪城特别强调党员教师自觉发挥"一个党员就是一面旗帜"的先锋模范作用，以精神的引领、专业的底气和互相成就的决心，积极投身党的教育事业，为崇文教育贡献力量。世纪崇文正式开学的第一次"书记讲党课"活动就从崇文尚德的初心故事讲起。50余位青年党团员教师在党委副书记吴丽明、世纪城党支部书记谭鹏飞、团委书记陈通、团委委员朱良的带领下重走徽杭古道，寻访书院文化。

"新班级教育"从来不是少数几个人的事，而是每一位教师的事。针对新手教师，"崇文书院读书会""一二·九赛课""五四教学技能大赛"……一次次活动隐藏着崇文每一位年轻教师的成长密码。针对全体教师，实行全员导师制，为每一位教师配备成长伙伴，携手并进：一是名师引领，依托"特级教师工作室"和"崇文名师"师徒组，为骨干教师成长创设平台，充分发挥名优教师的专业引领作用；二是新老教师结对，学校在新教师入校时会通过双向选择促成新教师与有经验的优秀

书记讲党课

教师结对，形成互惠的专业伙伴联盟；三是朋辈导师互助，上一轮参与"新班级教育"实验的教师滚动指导下一轮实验教师，在交流中共同成长。

爱校荣校，方能共创未来。人人争做"崇文好教师"已经成为崇文的文化基因。2019年2月19日上午，崇文教育集团全体教师齐聚崇文世纪讲坛，聆听了新学期第一堂主题党课。集团党委书记俞国娣用一个小时，讲述《将全面深化改革进行到底——习近平新时代中国特色社会主义思想系列第九讲》。俞国娣书记语重心长地说，在崇文教育集团2018年顺利起航后，崇文教育也随着新时代的改革潮流，随着人民对美好教育的新期待，面临如何深化课程和学习方式变革等一系列问题。面对问题，改革就是唯一出路，发展就是硬道理。改革是实现中华民族伟大复兴的"关键一招"，首发于2015年的《崇文78个工作细节》也是"崇文好教师"养成的"关键一招"。正是对这样的细节服务的具体指导和规范，才成就了崇文教师与家长有温度的沟通，为学生成长做好保障。

《崇文78个工作细节》节选手册

○ 共同教育，"新班级教育"的协同力量

家庭是孩子的第一个课堂，父母是孩子的第一任老师。家庭教育是人一生中接受的最早、最深、最持久的教育。没有良好的家庭教育，再好的学校教育无异于无源之水、无本之木。学校教育不应该只是教育学生，更要唤起家庭的教育自觉，帮助家长读懂孩子、理解孩子、教育孩子。

"我们的孩子需要我们共同教育，家长是教育的同盟军，也是我们的新同事。"这是崇文一直提倡的家校合作理念。2021年"双减"政策落地，家庭教育立法，全社会将"畅通学校家庭沟通渠道，推进学校教育和家庭教育相互配合"抬到了前所未有的高度。然而，在崇文，这只是一以贯之的传统。

2018年8月，梦想起航，学校通过全员家访，让教师深入了解学生的原生态家庭情况；通过邀请小海燕带着爸爸妈妈一起来探校，让家长对学校育人环境放心。11月，崇文世纪城第一个"家长开放日"，小海燕邀请爸爸妈妈和自己一起上学，让家长关注孩子在课内外的具体表现及学校的教育教学理念，理解并认同学校教育不只重视学科学习，还关

俞国娣校长"让阅读成为一种习惯" 　　谭鹏飞校长"如何让孩子爱上数学"

注人的全面成长。

每学年，学校会召开各类富有特色的新型家长会。

开学时，校长主持期初家长会，与全体家长真诚沟通，随后各班进行班级家长会，班主任精心设计议题，家长们围绕话题头脑风暴，在思想的交换、观点的碰撞中创造出新的智慧，在充分探讨之后交流分享达成共识，凝心聚力、家校同行！学期结束时，邀请家长走进校园，与老师们进行一场走心的"一对一个别化家长会"——由班主任与家长、各学科教师统筹协调，在充分满足家长需求的基础上，教师与家长进行一对一的交流。还有按需召开的私人定制家长会——为解决孩子的

一对一个别化家长会

具体问题而临时举办，参会人员包括班主任、家庭教育专家等。

每个周六，在崇文世纪城都会有一场"家长沙龙"和"亲子沙龙"活动，家长根据自己的需求自由选择参加的沙龙主题，"让阅读成为一种习惯""让孩子成为最好的自己""提高孩子的专注力""学习习惯培养的家长作为""如何有效陪伴""如何让孩子爱上数学""如何让孩子自信地说英语"……每一个主题都直击家庭教育的热点、难点、痛点，家长们是沙龙活动的主角，在"世界咖啡屋"这种讨论模式中，家长不仅体会到了多种思维碰撞的酣畅，更不断走向深层次育人理论的探讨。

"双减"政策实施后，教师发现，由于对孩子期望值过高以及对升

家长沙龙

学的焦虑情绪过重，个别家长出现了为学生批改作业、抢购教辅材料等问题，导致部分学生的学习负担仍然很重。了解情况后，教师对家长进行了心理疏导，帮助家长缓解焦虑情绪。针对培训班取消后亲子陪伴时间变长的问题，学校开展专题讲座，引导家长合理安排双休时间，培养孩子的阅读能力、自主学习能力等。学校还利用信息技术，通过云平台与家长直接对话，共同寻求沟通方案，达成提质减负的共识，为学生的健康发展出谋划策。2018年9月的调查数据显示，当时学生人均参加培训班的数量为2.63个，2021年9月的调查中，这一数据已降至人均0.6个。

战"疫"考验，"新班级教育"的非常之道

春华秋实。世纪海燕在阳光农场当着农场主，用歌声赞美祖国，在运动场超越自我，在艺术节绽放美丽；世纪教师在漫步徽杭古道中守望教育理想，在同伴协同中收获专业成长，在冬训春训中坚定信仰；世纪家长也在一次次家长学校、一场场家长沙龙中、一个个书香家庭展示中，与学校同频共振，携手共促成长……世纪崇文的美好教育正以可持续的发展生态迈入庚子年。

2020年除夕前日，武汉市疫情防控指挥部发布1号通告，1月23日10时起，机场、火车站离汉通道暂时关闭。同日起至29日，全国各省份陆续启动重大突发公共卫生事件省级一级应急响应。

疫情突如其来，考验突如其来。为了切实阻断疫情向校园蔓延的渠道，坚决把师生生命安全和身体健康放在第一位，全方位落实"一级响应"机制的有关规定和要求，从中央到地方，均做出了新学期延迟开学的部署。1月29日，学校向家长发布《杭州市崇文世纪城实验学校延迟开学告家长书》，指出"根据省市区各级教育行政部门的通知要求，我

校新学期开学时间延期至2月17日之后，具体开学时间另行通知。根据目前延迟开学的情况，学校制订了应急教学需求的预案，利用'互联网+教学'的模式，提供丰富的课程和教学资源，保障同学们'停课不停学'"。自此，学校微信公众号开始连续更新，每日推送教师突击编辑的"超长假期指南""榜样｜我爸爸、我妈妈在前线（坚守）""宅家生活"等内容，云端陪伴师生共同抗"疫"。

2月9日晚，崇文教育集团的全体师生和家长们通过网络直播参加了一场别样的开学典礼。在这个特殊的时期，集团党委书记、校长俞国娣戴着口罩云端讲话，与全体崇文人探讨了两个问题："长大以后我将成为怎样的人？""今天我们要做什么，该怎样做？"发人深省。俞校长还和孩子们约定，在延期开学的时间里做7件事：养成一个好习惯——卫生习惯，做一顿饭，承担一件家务，安排一整天作息，读一本书，每天出一身汗，确保一切安全。

开学典礼后，在大家焦急等待着学校邮寄新学期课本的时候，一封名为《家长们，别急着要新课本》的校长亲笔信在2月12日推送到每一位家长的手机端。一时间，一条《我们不做直播课，也不邮寄书本》

俞国娣校长走进杭州网演播室，向大家分享了她对教育的所思所悟（图源：杭州网）

的新闻点燃了整个杭州教育圈。新闻的背后，有学校的深思熟虑。在接受媒体采访时，俞国娣校长表示："崇文并不反对'停课不停学'，更不是反对运用互联网来拓展教育内涵，只是对这一政策我们有自己的理解。1月29日，教育部在一场新闻发布会上首次提出了'停课不停学'的要求。《人民日报》2月11日刊发的社论《莫把'停课不停学'的好经念歪》对这一政策的解读和提出的警示是值得我们深入学习和反思的。'不停学'究竟应该学什么？党报提出的课题，恰恰是崇文一直在思考、在实践的。不把课本变成学生的世界，要把世界变成学生的教材，孩子们要在这本'教材'里获得感受爱的能力和付诸爱的行动。"

不寄课本，则意味着学校为保障教学进度所做的准备要更加充足。1月29日开始，学校就从"海燕翱翔"网络视频课堂、"一对一"师生连线个辅、宅家生活指导、班级活动创新等方面着手，全面落实特殊时期的教育教学工作。网络教学，学校也没有一蹴而就，而是科学地划分了"分步走"。第一周让家长和孩子熟悉网络教学的环境，第二周让孩子们自主选择课程资源包，进行自主学习。

区联合检查组督导学校春季开学疫情防控准备工作

到了3月,"海燕翱翔"空中课堂就进入第三个阶段,新课本也送到了学生手中。云端"颂雷锋"、云端"丽人节"、云端党课、家校"云"相聚……学校的各项教育工作伴随着"停课不停学"在有序进行着,疫情防控的落实也在稳步推进,国内防疫形势日渐好转。3月30日,学校迎来区联合检查组,对学校春季开学疫情防控准备工作落实情况进行专项检查督导。"复学"的脚步越来越近了。3月31日至4月2日,杭州市崇文世纪城实验学校组织全体教师分三批开展了复课应急演练,预演复课后的各个场景,提高全员防控能力,保障学校安全有序开学。

4月20日,崇文世纪城四至六年级的小海燕回到校园;4月26日,崇文世纪城一至三年级的小海燕也陆续归来。复学第一课,小海燕就在致敬榜样中感受中国力量。

春的校园,万物复苏,琅琅的书声重回校园。在书声里,小海燕与武汉的伙伴们心手相连,用"空中共读一本书"的方式迎接第25个世界读书日,

全面复课

迎接崇文世纪城第二届小海燕悦读节的到来。会思考的"小科学家"重回校园，在一场场别开生面的科学情景剧中，在一个个有趣的科学实验里，小海燕走进奇妙的科学，迎来崇文世纪城第二届"科学家"课程。运动奔跑的身影重回校园，热爱劳动的双手重回校园，多姿多彩的艺术展重回校园，教师们的青春之歌也重新在校园里唱响……

在最美的春光里，世纪崇文重归生生不息的美好教育生态。5月25日，学校迎来萧山教育局"美好教育"三年行动计划专项督导。学校表示，从2020年到2022年，学校将积极顺应民办学校外部办学环境的变化，坚持立德树人，落实五育并举，在课程、师资、影响力等方面不断推进，不断提升教育教学质量，高质量地培养富有"中国心、国际眼"的崇文学子，努力将学校打造成为萧山小学教育的"金名片"，为萧山建设美好教育，做出崇文应有的贡献。

首届毕业生毕业

2020级新生家长会

这年盛夏，世纪崇文首届毕业生迎来了毕业的日子。7月3日，他们为母校种下毕业树，留下美好心愿，祝福母校更精彩；他们登上了西湖画舫，完成了小学生涯最后一课——崇文舫课，在游动的书斋、宽松的氛围里，唱响校歌。

这年盛夏，又一批稚拙的孩童走进世纪崇文，将要开启他们的小学生涯。7月26日，2020级新生家长会在学校世纪讲坛举行，一年级包班老师——亮相，和360位新生家长美丽初见。全体教师在俞国娣总校长的带领下庄严宣誓，"新班级教育"教师信仰再次回响；全体家长在世纪城校区家委会主任马晓才先生的带领下共同宣读，《"新班级教育"家长公约》声声回荡。

夏去秋来，"崇文尚德"弦歌不辍，"新班级教育"芳华待灼。

○ 守望相助，"新班级教育"的经验辐射

"自古西湖画舫课，百年钱塘新班级；崇文尚德遗风袭，正学阐教立潮头。"崇文始终将自己视为教育的"试验田"，遵循教育发展规律，坚持发挥课堂变革主阵地作用，走出了一条"新班级教育"之路。

集团成立初期，便与富文乡中心小学结对，组织崇文教师研发适合农村小规模学校学生线上学习的资源（含微视频、课件和教学设计），接受富文乡中心小学教师到崇文跟岗一年，熟悉包班协同教学的策略与特点；此后，随着世纪崇文的发展，"新班级教育"及其"学习时空重构"等成果先后被推广至北京、上海、广东、湖北、贵州等20余个省市。依托"教育+互联网"，2019年4月23日，崇文世纪城在浙江省援藏指挥部与浙江在线新闻网站的帮助与支持下，与西藏那曲杭嘉中学等全国30余所学校"共上一堂课"，为10万余名学生带去了生动的"崇文

课堂";2018年起,学校派出了一批又一批骨干教师结对帮扶、培训指导贵州雷山县掌雷小学等20余所乡村学校的教师;2019年7月20日,在掌雷小学余大臣校长的带领下,掌雷师生辗转1500多公里,来到崇文参加了一周"国际村"夏令营的体验活动;依托名校长、名师工作室,为各县校长提供浸润式成长培训,让校长们走进"新班级",感受"新班级"。写一封信,捐一笔钱,唱一首歌,小海燕们也以崇文的方式,将温暖与爱心传播到偏远地区。

新时代,新征程,在共同富裕示范区建设的背景下,带着"新班级教育"和满腔热血,世纪崇文通过构建城乡教育共同体,与浙江省台州市、衢州市开化县开展深度合作,设置了一批乡村学校实验基地,为乡村小规模学校打造了"课程资源重构—包班协同教学—技术助力变革—创新评价模式"四维联动的发展通道,努力探索着乡村教育从"输血"到"造血"的路径转变。

美好教育,初心相连

2021年是"十四五"的开局之年,3月26日,在崇文世纪城第三届"科学家"课程闭幕式暨"初心相连"大型雕塑揭幕仪式隆重举行。这是铜雕工艺界上浓重的一笔,更是学校育人史中值得铭记的一刻。传承与创新,在此刻交汇。

中国工艺美术大师、国家级非物质文化遗产铜雕技艺代表性传承人朱炳仁先生,和到场的领导、崇文师生代表、家长代表一起为雕塑揭幕。

这件镂空交错的铜雕工艺品以曲院风荷的荷花为元素刻画了莲叶碧波的西湖风光,形象再现了400多年前崇文书院弟子泛舟湖上读书的

"初心相连"雕塑揭幕

场景,流淌了千古传承的匠人初心和画角风荷的崇文舫课初心,更是从"西湖时代"到"钱江时代"的美好教育践行之心。

"永远不要忘记从哪里来。"崇文教育集团党委书记、校长俞国娣女士从"教育初心"出发,寄语崇文小海燕,也寄语世纪崇文:"正值中国共产党百年华诞,波澜壮阔的百年征程告诉我们,只有不忘初心,才能历久弥坚!"

初心相连。这一年的整个春天,世纪崇文的师生都在阅读"红色经典"中,传承红色基因,践行初心使命。教师共同阅读《做中国立德树人好教师》,从字里行间读懂、读透"立德树人"的根本要求,明确"为党育人、为国育才"的使命担当,并撰写自己的教育故事,结集成册,出版《点亮童年:党旗下的100个教育故事》一书。小海燕们在老师的组织下,翻开一本本红色经典,从故事里"学党史、强信念、跟党走"。同时,"党—团—队"师生接力共读,共同唱响《唱支山歌给党

崇文师生寻访红色足迹

听》，党团员教师走进杭州党史馆寻访红色印记，党员辅导员走进中队讲党史六讲等一系列党团队一体化的党史学习教育，让红色精神代代传承。

走进夏天，2021年7月1日，中国共产党迎来了百年华诞！天安门广场红旗招展，礼炮轰鸣，习近平总书记发表重要讲话。崇文教育集团全体教师齐聚一堂，集体收看庆祝中国共产党成立100周年大会电视直播。世纪崇文师生暑期"寻访红色印记"主题研学活动的序幕由此开启。党团员教师走进重庆、北京、湖南、武汉等省市，寻访红色革命圣地，感受信仰的力量；少先队员对话身边优秀共产党员，聆听红色故事，寻访红色足迹，在实践活动中传承红色基因。

教育的初心是为了人民。能够满足儿童身心发展需求，解决人民群众问题的教育，才是"美好教育"应有的基础。同年7月，中共中央办公厅、国务院办公厅印发了《关于进一步减轻义务教育阶段学生作业负担和校外培训负担的意见》，对减轻学生作业负担和校外培训负担做出明确规定。此前数月，教育部先后印发五个专门通知，对中小学生手机、睡眠、读物、作业、体质管理做出规定。"五项管理"是"双减"工作的一项具体抓手，是促进学生身心健康、解决群众急难愁盼问题的重要举措。新时代背景下的教育政策推陈出新，教育生态亟待变革。8月25日，崇文教育集团党委书记、校长俞国娣以"'双减'背景下的教育生态"为题，为全体教师主讲教师开学第一课，统一思想、落实行动。

9月，崇文世纪城迎来了一个崭新的学期，小海燕们新学期的校园生活如约而至，开学第一课就是一起来当"亚运小主人"。小海燕们以亚运会理念"文明、运动、绿色、热情"为创作灵感，上演了一出精彩的情景互动剧《我是亚运小主人》，并和校长约定"新学期，让我们全力以赴，守规则、爱阅读、爱运动、爱探究，努力奋斗，坚持不懈，做更好的自己"。"双减"和"五项管理"迅猛的东风吹进校园，似乎就变得温和起来。轻轻地、悄悄地，融入小海燕一整个学年的学习与生活中。2021级的"小萌新"也在五育并举的校园里，享受着各种特色课程与活动，与哥哥姐姐们一起成长。2022年6月1日，2021级学生庄严入队，从此有了新的称号——少先队员，也有了新的组织——中国少年先锋队。

一切都是教育本来的样子，美好而令人向往。

与此同时，《中华人民共和国民办教育促进法实施条例》修订并正式颁布施行，对实施义务教育的民办学校的举办者、教育教学活动、教师与受教育者等均提出了符合时代需求的新要求。新形势下，学校面临办学性质转型的挑战。何去何从？唯有坚守教育初心，才能计之深远。

崇文尚德，为需要而生，"新班级教育"且行且思，世纪崇文且思且行。

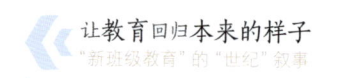

故事7

党旗下的成长

习近平总书记在全国教育大会上强调,加强党对教育工作的全面领导,是办好教育的根本保证。如何全面贯彻党的教育方针,把加强党的领导贯穿办学治校、教书育人全过程?世纪崇文一直在思考着自己的答案。

每年4月是读书月。重视阅读是崇文长期以来的传统。在崇文世纪城校园内,馆藏图书超过万册,书架随处可见,世纪海燕随时随地都能找到自己喜爱的书本进行阅读。然而,管好这么多书,并非易事。3月15日至22日,是崇文党员志愿者活动周。这一周里,每个清晨或傍晚,你总能看见一群人,他们或在学生阅览室捧着一本本书,一页页细细翻阅,对内容进行全面审核;或在漂流图书角、班级书架,对学生读物进行全面清理和整理工作,为学生筑起读书"防火墙"。他们就是崇文党员志愿者。学校各项工作或者各类活动有需要,只要党支部在钉钉群里"钉"一下,党员志愿者都会第一时间响应,并配合党支部科学决策,落实到位。

虽然是民办学校出身,但崇文世纪城实验学校从创校开始,就坚持党对学校工作的全面领导。2018年,崇文成立了集团党委,并成立五个校区支部,"支部建在连上"的思想工作经验得到了较好的实践。俞校长强调,党组织是学校的"灵魂风向标",崇文人要牢记为党育人、为国育才的初心使命，在"新班级教育"实践中，坚持培根铸魂、立德树人。

红色，最鲜亮的育人底色

"党课老师好，党课老师好！"周三下午的围圈分享时间，小海燕们迎来了各中队专属的党员辅导员，聆听他们精心准备的精彩党课。学校党委以"党员辅导员讲党史"为载体，委派优秀党员进各中队讲党史，引领学生共学党史，传承红色基因。

为了给孩子们上好党课、讲好党的知识，党员教师们使出浑身解数，不仅系统地梳理了现行国家课程中的党的知识内容因子，将信仰教育融入全学科，还创新课堂形式，用贴近儿童的语言讲述党史故事，与学生一起用歌曲、戏剧演绎党的故事，临摹党史人物画像。《国家教材委员会关于"党的领导"相关内容进大中小学课程教材指南的通知》明确指出：小学阶段重点呈现党的领袖故事、英雄事迹、重要事件、重大成就等内容，培养学生热爱党、拥护党的领导的感情。在实践中，党员老师们或结合语文课本中《吃水不忘挖井人》《小英雄雨来》《我的战友邱少云》等革命英雄故事，以学红色英雄为主题，听故事，画英模；或从一首首耳熟能详的红歌入手，在传唱红色歌曲中铭记党恩，感受祖国的日益强大，厚植红色信仰。

在迎接中国共产党建党100周年之际，学校还用多样的形式开展党史教育，上好"开学第一课"。假期里，小海燕们通过阅读红色书籍、走进红色展馆、访最"美"榜样等方式，用少年儿童的视角了解中国共产党的百年历史，以实际行动弘扬真善美；开学典礼上，小海燕们用生动的表演，再现了李大钊、雷锋、焦裕禄、王进喜、张定宇、祁发宝六

一幅幅展现着中国共产党的重要事件的巨型拼图，向全校师生展现了中国共产党带领中国人民所谱写的中华民族发展的壮丽篇章

位先锋模范的事迹，并齐心协力完成拼图，将"开天辟地大事变"展现在了大家眼前。在"红星闪闪放光彩，红星灿灿暖胸怀……"的歌声里，小海燕们深刻感受到了中国共产党的伟大，深刻体会到了祖国的富强。在建党100周年的特殊时刻，如何成为一名新时代的小海燕，让红心永流传？我提出了两个关键词——有理想、会坚持——并寄语小海燕"将这两个关键词作为我们新学期甚至一生的目标"。当党史知识与学生的生活联结起来，信仰就必然能点亮孩子们的学习、生活，必然成为他们成长的动力。

铸魂，党团队一体化协同

时间的指针拨到2019年10月12日，庆祝中国少年先锋队建队70周年前夕。那天上午8点，学校大操场红旗迎风飘扬，党员教师方阵、团员教师方阵、少先队员方阵面向主席台整齐列队，举行了以"不忘初心·携手奋进"为主题的党团队宣誓活动。党员教师佩戴党徽，团员教师佩戴团徽，少先队员佩戴红领巾；党旗所指，团旗所向，队旗所随。

那一天，我和全体党员教师面对鲜艳的党旗，高举右拳，庄严宣誓："我志愿加入中国共产党，拥护党的纲领，遵守党的章程，履行党员义务，执行党的决定，严守党的纪律，保守党的秘密，对党忠诚，积极工作，为共产主义奋斗终生，随时准备为党和人民牺牲一切，永不叛党。"之后，团支部书记带领团员青年教师在团旗下重温入团誓言。红旗猎猎，字字千钧。

听了党员、团员老师们慷慨激昂的宣誓，全体少先队员们也备受鼓舞，他们用最响亮的声音喊出誓言："我是中国少年先锋队队员。我在队旗下宣誓：我热爱中国共产党，热爱祖国，热爱人民，好好学习，好好锻炼，准备着：为共产主义事业贡献力量！时刻准备着。"

少年强则国强。崇文世纪城的育人活动，十分注重党团队一体化协同，体现了党带团、团带队的光荣传统。每一年国庆，党员教师、团员教师、少先队员们齐聚大操场，举行庄严的升旗仪式，分别用歌声告白祖国妈妈；每一年儿童节前夕，学校举行新队员入队仪式并召开少代会，学校党支部都将政治标准放在第一位，落实各中队少先队辅导员聘任工作，保证每一名少先队辅导员均为党团员教师；每一年学雷锋日之

党团员教师以身示范，号召少先队员"向我看齐"

际，党团员教师都会和少先队员一起，开启"红领巾跳蚤市场义卖活动"，学榜样，传爱心……如今，学校开展每一项工作时，都会考虑到融入当下的思政要素，以党团队一体化大思政活动，将思政课堂的阵线向纵深延长。

◻ **课程育人：一双世界眼，一颗中国心**

小小红船承载着共产党人的初心，点燃了民族复兴的圣火；崇文画舫承载着崇文教育的初心，激励着全体崇文人在办好人民满意的美好教育之路上继往开来。

全球化背景下，世界联系日益紧密，自20世纪以来，世界各国开始重视新生世代全球视野与能力的培养，并从政策层面付诸行动。在崇文世纪城筹备的过程中，俞国娣校长就给我提出了一个课题，在崇文世纪城进一步探索"新班级教育"的国际化。

教育国际化是对当今时代背景的主动应对，有利于开阔视野、增长见识，有利于提高创新能力和创新水平，有利于展示国家良好形象，

小海燕艺术节开幕式双语主持

是培养具有"全球胜任力"人才的需要。俞校长认为，国际化教育并不是简单地学学外语，用用外国教材，而是要在充分树立民族自信的基础上，通过不同文化之间的交流，来实现跨文化的交往和理解，"要让孩子有一双世界眼，更要有一颗中国心。"

为此，崇文世纪城进行了一个非常大胆的改革，不再是外教上外教的课，中教上中教的课，而是中外教协同教学。外教和中教同一时间面对同一群孩子上同一节美术课，欣赏同一幅中国名画，中教老师有中教老师的欣赏视角，外教老师有基于他自身的文化背景而产生的审美解读，同时和孩子们分享，这就是文化交流，这就是交往与理解。

在教育国际化中，学校不仅坚持使用国家审定教材，积极开展基于国家课程的课程重构，同时，还开设大量传统文化社团和创意社团。如篆刻、陶艺等社团，让孩子们跟着非遗大师浸润传统文化之美；创意戏剧工坊，则用西方歌剧、戏剧等方式纯英文演绎东方传统故事，如《三打白骨精》，向世界展示优秀的中国故事，让孩子们认识中华文明的博大精深。

▫ "党建+教育"的双品牌建设，教师成长又红又专

"叮——"十一小长假结束重返校园，学校老师们第一时间收到了来自校党委发布的三条"本月考核"细则。

十月教师考核细则：

  1.工作期间穿崇文校服，做到着装整洁、清爽，可根据不同季节，搭配围巾、胸针、领带、领结等饰品或崇文校徽，体现美感与气质。（《崇文78个工作细节》6）

  2.课堂上，不接听电话，不把玩手机；会议时不使用手机

等电子产品，专注倾听。（《崇文78个工作细节》16）

3.在学生面前，老师之间称呼要尊称如"某某老师"，不直呼名字或昵称。看到学生、同事、家长主动问好，给学生树立榜样作用。（《崇文78个工作细节》22）

每个月的考核内容，一般都是结合当月的育人要点，从《崇文78个工作细节》中选取。如10月的第一条考核内容之所以指向教师的穿着，是因为此时正值夏秋之交，杭城的天气忽冷忽热，人们往往容易"乱穿衣"，出台考核细则，能让教师以一种比较好的仪态，在"乱穿衣"的时节给学生做出榜样。

人民教育家陶行知说得好："学高为师，身正为范。"良好的师德是教师必备的基本素质，是为人师的根基。学校紧紧依靠集团党组织把方向、管大局、带队伍，聚焦教师核心价值，不断深化"三三"式党员教师队伍培育机制，以三大载体强化思想引领，以三线要求夯实师德根基，以三力并举激发队伍活力，激励教师争做崇文"好教师"。前文所描述的，正是"三线要求"中的"出台标线"，即制定出台《崇文78个工作细节》，结合工作实际，每月推出三条细节，遵章考评，采用教师自评和党支部民主评议结合进行。

此外，还有"守牢底线"和"设定高线"。

守牢底线。开展一年两次师德承诺活动：春节前教师签订师德师风承诺书，教师节老师给家长亲笔书写"廉洁从教、拒收礼物"公开信。党支部在年度考核、月考核中落实师德核心指标：不收家长礼金礼卡，不推荐学生去校外培训班，不体罚学生。考核采用一票否决，扎实守好清廉从教的师德底线。

教师手书"廉洁从教,拒收礼物"公开信

设定高线。在学校党委的直接领导下,推出《崇文名师评选办法》《感动崇文"十佳教师"评选标准》《优秀班主任评选标准》《团队特色奖评选办法》等一系列评优评先制度,培育先进典型,弘扬崇文教师精神。

好教师身正,也要学高。学校党支部关注教师需求,以三大载体强化思想引领,助力教师展业发展。一是开设"世纪讲坛"夯实每月一次教职工政治学习,结合学校实际和社会焦点问题推出"书记党课""我与崇文共成长""崇文故事"等系列专题党课。邀请道德楷模、教育专家走上崇文讲坛,找寻初心使命,分享"教育信念"。在"听""讲""思"中,汲取精神力量。二是紧紧围绕理论学习,扎实开展每月一次"主题党日"活动,党员带头,全体教师重走徽杭古道,寻崇文尚德初心。三是开展多样化教师研训,读书交流话传承。以"四层八级"与"导师制"为平台,分层级开展个性化师带徒研究实践活动,成立崇文书院读书会,三年期内近百名教师"相约星期三",与各界大咖面对面,聆听优秀党员成长故事,交流读书学习体会,撰写教学科研案例。开展五四教师基本功大赛、教师节感恩与传承系列活动、一二·九赛课等系列活动，以"专家讲坛研训、菜单研训、新加盟教师研训、导师制实施、崇文名师评选"等为抓手，形成了独特的崇文教师培养体系。用好碎片时间，在各校区的餐厅设立"党员读书吧"，推出"共读党章""共学习近平讲话""好书推荐""读书分享"等晨读活动，进一步强化教师思想政治教育。"双减"背景下，我们坚持党员先行，遴选优秀党员教师与特需孩子结对，制订个别化帮教方案，帮助孩子实现个性发展。

正如俞校长所说，在崇文，一名党员就是一面旗帜，每一名青年教师都在努力成为先锋。"通过党建引领，让老师成为一名'四有'好老师，让学生成为德智体美劳全面发展的社会主义建设者和接班人，听党话、感党恩、跟党走。这是我们一直在践行的初衷。"

2022年1月，中共中央办公厅印发《关于建立中小学校党组织领导的校长负责制的意见（试行）》，提出我国将在中小学校全面实施"党组织领导的校长负责制"。世纪崇文为此走过了一段有意义的探索之路，并将初心如磐，奋楫笃行。

故事8

爱心环保　世纪接力

2023年是全面贯彻实施党的二十大精神的开局之年，也是"八八战略"实施20周年。17年前，时任浙江省委书记习近平同志给崇文小海燕回了一封关于"绿色环保"的信。他鼓励崇文少先队员继承和发扬李四光精神，善待地球，珍惜资源，为"守护绿水青山"贡献自己的力量。崇文少先队员们始终牢记习近平爷爷的嘱托，将"重环保""有爱心"的崇文小海燕特质践行在生活的点滴之处。

涓涓细流成江海，点点星火汇如炬。在崇文世纪城实验学校，这场爱心环保接力赛从未停歇。在废纸换图书、冬日暖阳、六一捐书、红领巾跳蚤市场义卖等一场场活动中，崇文少先队员们不断用童心、爱心和真心书写关于绿色环保的故事。他们心怀大爱，目向远方，一年又一年地传递着温暖，一棒又一棒地接力着环保。

这是一场从崇文世纪城出发的接力赛，它的跑道不断伸向全国的各地，它的终点一直在向远方蔓延。

废纸换图书：环保接力，正式开始

接力棒从一张小小的废纸传起。

"废纸换图书"活动是崇文师生一直在坚持做的事情。学校提倡队员们在日常生活中践行环保，做好垃圾分类，为资源循环利用出一份

小海燕用废纸换图书

力，为环保献爱心。

每周五的清晨，学校门口就已人头攒动。背的背，扛的扛，各中队队员都争先恐后地把废纸往车上堆。仔细分类，认真整理，有序打包，样样都不在话下。不一会儿，车上就满满当当了——满满的两车废纸。

"废纸多，书就多！"

"书可以让大家一起阅读，获得更多知识。"

多么简朴的语言，这语言中正包含了崇文小海燕的求知精神。

不管严寒酷暑、风吹日晒，笑容洋溢的志愿者老师和家委会的叔叔阿姨们都会准时出现在学校门口，将废纸再次整理、捆扎、装车，送进回收站里，将它们"变废为宝"。换来的经费有的用于为学校阅览室购置新图书，有的用于"悦读节"赠书回馈给热爱环保的队员们，有的用于为队员们购置六一礼物，还有的将为山区学校援建"崇文书院阅览室"。

无论是一年级刚刚入学的新同学，还是六年级即将毕业的哥哥姐姐，每周五拎着一捆废纸来上学已经是一件习以为常的事情。

用一张废纸，接力一场爱心环保赛，崇文少先队员们永远在路上。

◻ 冬日暖阳：以爱为航，共赴远方

爱心接力跑进了冬天。

冬日的脚步悄然来临。微凉的冬雨给城市裹上几分寒意，但崇文校园里却温暖满溢。每年冬天，崇文世纪城一年一度的"冬日暖阳"活动如约而至。全校师生参与活动，以爱为航，共赴这一场与远方有关的温暖约定。

他们以爱为线，真情满怀。在学校少工委的倡议下，全校老师和队员们都积极响应，认真准备爱心物资，精心缝制爱心包裹。一件件厚实的冬衣，一双双温暖的棉鞋，一本本有趣的书籍……崇文师生为远在贵州雷山和四川康定的小伙伴们送上自己的爱心和温暖。

正值杭州亚运会来临之际，小海燕们还用喜欢的方式向远方的小伙伴介绍了美丽杭州的新变化。

"冬日暖阳"是崇文师生坚持多年的一份公益约定。每当冬天来临，崇文队员们便开始期待这件最有意义的事，期待着用自己的点滴爱

小海燕筹备缝制"冬日暖阳"爱心包裹

心温暖远方伙伴。我们的爱心包裹终能抵达远方，成为一轮轮闪耀的"冬日暖阳"。从2018年建校至今，这项活动已经坚持六年了。六年时间里，崇文的师生们捐献了5000多个包裹，送去了近万件冬衣，将爱播洒到遥远的贵州、四川，温暖了5000余名小伙伴的童年。相信这场温暖的约定，定会一直延续下去！

爱是广阔的，爱是无限的，爱是无私的，爱是可以彼此传递、彼此温暖的。远在贵州掌雷县掌雷小学的结对同学们，每年一收到崇文寄去的物资，就发回来照片。照片上，掌雷小伙伴们手里抱着一个个鼓鼓的爱心包裹，天真烂漫的笑脸上写满了幸福和满足。不管冬天多么寒冷，他们都不害怕，因为他们知道今年的冬天会和往年一样，有一份柔软的阳光从杭州汩汩流来，淌进他们心田里，让山区里的梦想静静地发芽、生长。

▫ **用音乐来点亮：唱响春天，用爱点亮**

2022年春天，崇文世纪城五年级的队员们创作的一张特殊爱心专辑《48个小心愿》登上了网易云音乐的首页。在爱心专辑中，五年级的孩子们以班级为单位，创作了《爱要远航》《万人之上》《大山里的蒲公英》《海鸟与贝壳》《孩子》《信仰》六首爱心原创歌曲。他们以爱为名，唱响了连接杭川两地的公益之歌。

故事要从2021年底讲起。五年级的崇文小海燕从书信中了解到掌雷小学小伙伴们的一些具体困难：学校地处海拔1800多米的山区，不少学生要步行5公里甚至10公里上学；下课时，他们只有简易的乒乓球拍、磨损严重的篮球及当作足球踢的废弃塑料瓶等体育活动设施；回到家里，大多只有祖辈陪伴，常常感到孤单。不少小朋友也向小海燕讲述了自己的心愿，有的希望有一辆闪亮的自行车，或期待有属于自己的玩具,或渴望有一套有助于提升成绩的课外读物。

五年级年级组长孟君老师带着学生一起想:如何点亮山区小伙伴的上学之路,让他们的上学路不再寒冷、不再孤单?如何帮助这48名山区小伙伴实现微心愿呢?于是,孩子们提出了"用音乐来点亮"这一主题活动,以原创一首歌的形式,表达爱,传递爱,用音乐陪伴和温暖掌雷小伙伴。同时,孩子们还设想通过发售自己的原创音乐专辑募集公益资金,用来帮助掌雷小伙伴实现"微心愿"。了解到孩子们的设想,我们向全体党员老师发出倡议,号召党员积极认购掌雷孩子的"微心愿"。作为学校党支部书记的我,认购了最大的礼物——自行车,送给了其中一个孩子。

在学校老师的指导下,在网易云音乐平台叔叔阿姨的无私支持下,五年级6个班级组建了歌词创作组、谱曲组、封面设计组、核算组、摄影组、宣传组等工作小组,历时一个半月,开展了微心愿采集、歌词创作、谱曲、封面设计、宣传稿撰写、进录音棚录制等一系列创作工作,完成了六首原创歌曲的创作录制。

在谈到创作感受时,《大山里的蒲公英》演唱者李紫萱提到:"这一个半月,虽然很辛苦,但一想到能用这样的形式来表达心愿就觉得很值得。自己的声音能录进专辑里让所有人听到,想想就觉得很激动。"

《万人之上》的演唱者郑哲远分享他的演唱感受:"少年有少年的忧愁与快乐,少年有少年的甜蜜与哀伤。我们都是这样的小小少年,做着小小而灿烂的梦,有着懵懂却坚定的方向。当我演唱这首充满节奏感和力量的歌曲时,我仿佛看到了一群出生于泱泱华夏的中华少年,带着顽强的意志行走于这个世界上。一路上可能会有误解,可能会有彷徨,但最

扫码听歌

终,他们会站在群山之巅,傲立天地之间!让我们带着这份决绝与勇敢,探寻自己成长的高点吧!"

李泽远是歌曲《海鸟与贝壳》的词曲创作者。平日里的他并不是一个擅长口头表达的孩子,但是他把丰富的内心和充沛的情绪融进了歌曲之中:"海鸟翱翔在广袤的海洋之上,虽雷雨交加,但它勇击长空,征服风暴,成为天空的主人;贝壳的外表粗糙而朴实,虽默默无闻,但它用血肉磨砺着砂砾,赋予华美,孕育出闪亮的珍珠!愿我们每一个人,未来都能如海鸟与贝壳般璀璨。"

凝聚了崇文学子诸多心血的专辑,满载着祝福,随着清澈的山风飘进了掌雷的大山里。

一个凛冽的清晨,贵州掌雷县掌雷希望小学的广播里突然响起了动听的旋律:

我希望能成为一条小鱼

游过小溪　游过大河

我希望能成为一只小鸟

飞过平原　飞过高山……别担心

我将扬帆送爱到你身边

一首首爱心歌曲在这片土地上生根发芽,用音乐的力量触动了掌雷孩子们的心,也悄悄在他们心里埋下一颗音乐的种子。一个月后,崇文海燕收到了来自掌雷小伙伴的感谢视频,他们将《大山里的蒲公英》编排成了舞蹈,边唱边跳,表达自己纯粹的感激之情。这个视频通过学校的红领巾电视台播放,全校的队员都认认真真地接收了这份饱含真情的礼物。

不知不觉间,小海燕与蒲公英的童年,都在被轻轻点亮。

六一捐书：以书会友，用爱筑美

从一张纸到一个包裹，从一份约定到一张专辑，现在，这场爱心环保接力赛的接力棒递交到了一本书上。

每年的六一儿童节是全国孩子们的庆典。在迎接欢乐盛典的同时，崇文队员们的心里却时刻惦记着远方的伙伴。记得在5月的最后一次升旗仪式上，总会有中队代表少工委，向全校队员发出"分享快乐、共同成长"的爱心捐书活动倡议。

在几天的时间里，崇文队员们认真挑选书籍、仔细打包整理，努力为远方伙伴送上最适合他们看的书。不仅如此，还有很多队员会在书籍的打包箱上花工夫。他们一笔一画地对箱子进行美化，送上自己的祝福，画上喜欢的图案。尽管和相隔千里远的伙伴无法碰面，但是他们的情谊早已通过书籍悄悄地联结在了一起。

六一儿童节当天，捐书活动正式开始了。队员们将一本本书整整齐齐地叠放，汇集在书箱中。接着，又搬着中队沉甸甸的书箱来到操场，把箱子摆成爱心的形状，激动地等待捐书仪式开始。满载书籍的箱子沉甸甸的，心意更是沉甸甸的。

每一名崇文少先队员都会积极参与爱心捐书活动，他们将自己的真诚祝福打包装箱，汇聚成一颗颗爱心。希望远方的伙伴们能感受到小海燕们的心意，喜欢这份礼物，一起享受阅读的快乐。

这样的活动从建校之初便开始启动，在崇文世纪城已经坚持了五年。每年，孩子们都会将爱心寄托于书籍中，送到农村儿童的手中；每年，孩子们都会帮助一所农村学校建立"崇文书院图书室"。他们让书籍漂流，以书会友，共享阅读的乐趣；他们让爱心传递，用爱筑梦，共享童年的幸福。

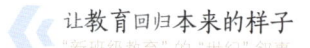

□ 红领巾跳蚤市场义卖：校服接力，环保传递

长期以来，学习雷锋精神、践行雷锋行动是崇文少先队员们的优良传统。他们时刻牢记习爷爷的教导，争做雷锋传人，将雷锋精神"融入日常，化为经常"，人人都是行走中的小雷锋。

每年3月，在孩子们的精心筹备、翘首期盼中，"学雷锋、献爱心"红领巾跳蚤市场总会鸣锣开市，火热开张。明媚三月，学校阳光农场的农作物正值收获成熟之际；融融春意，队员们细心收拾整理出家中的闲置物品；喜迎亚运，他们用一份份创意手作，为义卖现场打造浓浓的亚运氛围。

小伊妈妈是崇文红领巾跳蚤市场的常客，每年她都会为义卖贡献自己的力量。但是她感兴趣的不是摊位上琳琅满目的商品，而是"校服接力"摊上的九成新校服。这是怎么回事呢？原来，在每年的跳蚤市场上，临近毕业的六年级队员都会开设一个特殊摊位"校服接力"。所有六年级的孩子都会提前将自己各种尺码的闲置校服清洗消毒、打包装袋，并在摊位上面向弟弟妹妹们进行义卖。平日很难通过厂商买到的热

红领巾跳蚤市场义卖

门尺码，都可以在校服接力的摊位上淘到。

"这里的校服尺码全，又便宜，而且里面还有哥哥姐姐的爱呢！"小方妈妈也会在每年的跳蚤市场上为女儿淘一些校服。

一件小小的校服，原来也可以"接力"。流转在校服上的，不仅有学长学姐们对母校六年来深深的情谊，还有全体崇文海燕践行绿色环保的爱心理念。

捐种梭梭树崇文林：植木成林，爱向远方

在甘肃省民勤县，有一大片写着"崇文林"的梭梭树林。这里常年漫天黄沙，裸露的土地时常使人看不清天空的方向，但是，逐年扩增的崇文林为这里增添了一抹别样的绿意。

每年春天，在杭州日报社里总会出现崇文少先队员的身影。2023年3月20日下午，崇文世纪城实验学校大队辅导员孙启隆老师带着大队长毛偲辰和副大队长张梓寒、邓子墨来到了报社。他们是受全校少先队员的委托，来这里进行现场捐款的。每一名队员捐赠10元钱，种一棵树。五年下来，崇文世纪城总计捐赠近5万元，在遥远的大西北筑起了一片拥有5000余棵树的茂密崇文林。

"相信我们的崇文林会越来越茂盛的！"孩子们骄傲地告诉我。

这就是崇文世纪城的一场关于爱心环保的接力故事。这场接力赛的主角有很多：一张废纸，可以漂洋过海翻新自己的价值；一本书，可以跨越群山来到伙伴的身边；一个包裹，可以满载温暖对抗冬日的严寒；一张专辑，可以横亘时空点亮彼此的童年；一件校服，可以回馈母校述说环保的故事；一棵树苗，可以团聚成林抵御西北的黄沙……

相信，只要崇文学子们永远心怀大爱，这场接力赛便永远不会停歇！

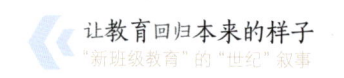

故事9

时空重构：聚焦学习变革

2021年3月，为了将"构建适合每一名学生的课堂"理念落到实处，学校以"学习时空重构：面向个性化学习的'新班级教育'模式探索"课题研究为契机，以"学习时空重构"为支点，突破传统班级授课形式，探索崇文特色的个性化学习模式，在各年级组织开展实验。由高雪菁和项镇南两位老师担任班主任的二（5）班，成了二年级组的第一块试验田。随后，实验如星星之火，从一个班蔓延到一个年级组，燃烧出了一段段奋斗故事。

▫ 一张课表与多出来的半个模块

当年2月初，一个名为"崇文世纪城时空重构实验班"的项目组在钉钉群诞生了，高雪菁和项镇南老师的名字赫然在列。彼时，项老师的教龄是第三年，高老师仅比他多一年。作为二年级组唯一参与本轮实验的班级，学校给予两位老师充分的信任与期待：青年教师是最有韧性和战斗力的群体之一，在实验中要以创新变革的勇气和态度，拥抱未来。

他们兴致勃勃地接受挑战，第一次课题组会议后，工作备忘录里就记满了一条条待完成的事项。制作"一生一课表"，是亟待完成的第一项。一般的学校，开学初教导处会提前排好课程，发放给各班——这样的课表一般是一张固定课表。但在崇文，尤其是在实验阶段，每个孩子都将拥有一张个性化课表。所有学科都是按照模块时间来设置的（30分钟为1个模块），学生可以相对自主地安排上午、中午和下午三段闲暇，并自主选修拓展课程；在基础课程分层教学和定制课程中，教师对部分学生进行个别化指导。因此，教师必须根据每个孩子的学情来制定个性化课表。这些因素给两位老师在制定课表时带来了不小的困扰。

当晚，二（5）班教室灯火通明，我期待着，一张课表能让两位年轻的包班班主任学会分析每个孩子。

一晚时间，30张课表出炉，我不禁为两个年轻人的效率点赞。从条框分明的表格中可以直观地看出，利用模块时间的设计，打破了固定课堂时间的割裂感，让学习时间和休息时间集中化。但新的问题又出现了——语文课的占比多为1.5模块，其他基础课程为1模块，上午的课程不论如何排列顺序，都会多出0.5模块。该如何利用好多出来的半个模块？是让语文课占比再多点，变成2模块，还是让数学课也成为一节长课，有1.5模块？两位老师产生了分歧。班级任课老师们听闻消息后，纷纷希望能将此0.5模块收入囊中。这让他们更加迷茫了。

问题引起了年级组长徐岚老师的关注。她提出了一个发人深省的质问：时空重构的目的是什么，为什么要以模块时间来设置课程？

一语点醒梦中人。时空重构的目的是提高课堂效率，提高课堂教学质量。如果一味地以"拼搭俄罗斯方块"的形式，将模块化的课程拼接起来，凑满时长，就成了形式主义了，反而与改革的初衷背道而驰。大家一致觉得，多出来的半个模块就交给学生，交给上一模块课程的老师自主安排。随后的教学实践也验证了这个做法的可行性，半个模块跟上一个模块结合在一起，进行个性化学习或是分层作业的指导。尤其是班

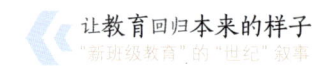

级里的学需生，正好利用这个时间，向老师一对一请教课程中的难点，进行消化。

▫ 创新教学组织方式与关于时间的三个改变

实验周的第一天，已经可以看到学习时空的重构让学生主体、学习路径和学习空间有了一些变化。

孩子们先是沉浸在连续的学习时间中，多模块的学习结束后，他们迎来了30分钟的闲暇时光。下课铃一响，所有的孩子都放下了笔，开始做下一节课的课前准备。最先完成的孩子，率先快步走出了教室，往游戏港湾奔去。第二个、第三个……两分钟不到，教室里已经空无一人。二（5）班教室门口正对着的是一片空旷的下沉式广场，十余个孩子正在广场的东侧进行"老狼老狼几点了"的游戏，西侧又有一群孩子在玩"老鹰捉小鸡"，尖叫连连。这样放肆玩耍的画面在平时的课间10分钟中是很难看到的。

实验的第一天上午，学生的幸福感洋溢在脸上，弥漫在笑声中。然而，到了下午，"幸福感"就把它的朋友"疲惫感"捎带过来了，在孩子们的身体里驻扎。上课不到10分钟，教室后排的小F同学已经趴在桌子上，开始走神。随后，小A同学打了一个哈欠，小B同学开始左顾右盼……

学生较难长时间集中注意力，如何调动他们的学习积极性？

在前期的教学准备中，二（5）班的全体任课教师已经进行了多次课程会议，或是从各自的学科中选择合适的内容进行跨学科的教学设计，或是在学科内进行大单元设计。通过第一天对学生的课堂观察，两位班主任再次组织了课程会议，与学科老师们探讨教学组织方式的改变与创新，以期调动学生的学习积极性，提升他们的综合能力。

老师们积极整合资源，创新教学方式，在接下来的四天中尝试了常规教学、双师合作教学、AI混合式教学等模式，丰富了学生的学习样态，使学生感受多样化的学习体验。

高雪菁老师在二年级语文学科组的支持下，以"整合"为基本的教学理念，运用关联的思想对第一单元的学习材料、学习内容进行整体规划，设计了"寻找春天"的整体学习情境，把朗读融入阅读教学的过程中，使学生在整体情境、具体活动任务中实践、习得、发展。

预习环节，高老师引导学生从整体入手，多篇连读、联结思考，对整个单元的文章形成一个整体印象。在教学时，针对课文不同的功能定位，在迁移运用的实践中落实单元语文要素，促进学生朗读能力的提升。《找春天》一课融合了语文、美术、音乐学科，调动学生多感官参与学习。复习课上，高老师以思维导图形式帮助学生理解和记忆知识，引领学生一起绘制思维导图，将教学内容进行系统化梳理，让学生对所学知识有一个清晰的了解。

项镇南老师利用学校新增的"无人购物超市"资源，培养学生分析和解决生活实际问题的能力，拓展学生的思维。在混合计算的学习中，尝试了多样态的时空体验。

课程伊始就布置了购物任务，课堂学习结束后，巧用学校各类港湾、学习站、无人超市等空间开展虚拟和现实的购物体验，学以致用。通过前测、课堂观察，对班级学生进行分层教学。一位老师负责部分孩子的知识点巩固，查漏补缺，完成各项练习。一位老师与学优生一起，借助云课堂，观看拓展类数学微课，进行思维训练，挑战更高难度习题。在充分理解教材关于混合计算的6节课后，对新授课和练习课进行

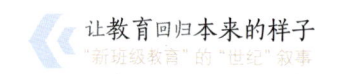

重逢的解构与融合。提高课堂效率，减少重复练习，加强学生知识点的掌握。

时空重构后的学习，效果如何呢？小Z同学告诉我："上课时间好像缩短了。我喜欢出去活动，再回来学知识；时间长短都行，一边学习一边玩耍都可以。真喜欢这样的时间安排，可以到处活动。"

收到来自学生正面的反馈，是一件让实验组老师们开心的事。但敏锐的研究员胡昌翠博士从反馈中发现了一个被老师们忽略的问题——"真喜欢这样的时间安排……"在实验的前两天，学生的活动的确丰富多彩，即使午间，班主任老师都根据学生的兴趣以及个人学习情况，给他们安排了相应的活动。但也正因如此，学生从头至尾变成了被安排的对象，背离了时空重构下"做时间的小主人"的目标。

两位班主任对这两天的学生活动进行了复盘，并在研究员胡昌翠博士和年级组长徐岚老师的指导下，做出了第一个改变——让纸质的班级手账可视化。他们将班级手账制作成类似日历的卡纸，贴在教室前方的白板上。每天一早由学生自主来板贴当天的日期及天气，老师则在上面标注今日待完成的事项。这样的改变，让学生的时间意识更为强烈，对一天的安排有了初印象，自主管理能力强的孩子甚至可以提前完成相关任务。

第二个改变是午间活动安排的变化。原先是由班主任根据学生学习需求以及活动兴趣提前安排他们活动内容，现在的午间活动安排，是结合老师的个辅需求和学生的自主选择来设置。徐岚老师建议在班级中设计一种学具：将午间活动的地点以名牌的样式悬挂上墙，每名学生拥有一个带有学号的小夹子。当自己的午间任务完成后，可以自主选择任一地点前往活动，并在对应地点的名牌上夹上自己的学号夹。这样，班主任对学生的去向也会更清楚。

第三个改变源于无铃声日实施中的一个小乌龙。周二上午的闲暇时光结束后，班级里仍有十余个空位，在随后的10分钟里，孩子们才陆陆续续地回来。如此情况，便给后续课程的开展带来了困扰。周二放学前，班主任老师给孩子们布置了一个小任务：第二天带上家里已有的普通儿童手表，方便自己看时间。

实践、反思、改变，第一轮"学习时空重构"的教学实验在波折中持续推进，迎来了收尾。当然，实验的尾声，老师们仍在思考，留下了一些声音：

> 对老师而言，这周的时间是非常宝贵紧张的。模块化的课程时间相较于常规课的时间有所缩短，这就要求课堂比往常更短小、精悍。老师在课前打磨的教学设计，不仅是学科内备课，还需要跨学科备课。课中，包班老师之间的协同要更紧密，例如语数协同，可从一教一辅的课堂纪律管理转换为教学上的辅助。数学课的练习时间，语文老师也可以参与到课堂中和数学老师共同批改题目。

站在学生角度，当课堂变得更短小、精悍后，怎样的学习方式能让学习真正发生，让学习看得见，让学习具有挑战性？老师们认为，对大单元教学的研究有待推进。

▫ 积极推进第二轮实验

当年5月，学校开展了第二轮实验，二年级全组都参与到了课题研究中。二年级语文学科组对第一轮实验留下的声音做出了回应，在实验周致力于大单元教学的研究，变革学教方式，促进学生思维的提升。

学科组长王婷老师带领组内教师挑选教学内容，尝试着改变原本单篇课文的教学样态，打破教科书的界限，站在单元的高度整合课堂内外资源。她们仔细研读教材，对二年级下册第七单元进行了内容的统整和拓展。最终，确定以"走进童话·讲好童话·改变自我"为主题，通过学习童话故事的语言表达和基本要素，使学生能够借助不同层次的提示，展开合理想象，讲好童话故事，逐步实现思维的改变和提升。

实验周前，团队老师们提前认领备课任务，完成了子任务的教学设计。实验当周，每天放学后的一个小时，学科组成员都会进行复盘会议，打磨改进第二天的教学设计。青年老师总有新颖的创意，资深老师总会给予关键性的提炼。教学《青蛙卖泥塘》一课的前夜，二（3）班教室里传出此起彼伏的声音，老师们正在激烈地讨论着如何将课后思考题"青蛙最后吆喝了些什么？如果向同学推荐一样东西，如一本书、一种文具，你会说些什么？"设计到课堂教学中，让学习真实发生，提升学生解决生活真实问题的能力。孙启隆老师独辟蹊径地提出了结合学校特色活动"学雷锋跳蚤市场"创设"叫卖物品"的情境，一下子拓宽了老师们的思路。徐岚老师也是敢于尝试的一员。她将《蜘蛛开店》进行了大单元教学的设计，联结学生已有的"续编故事"的经验，别出心裁地使用"三折书"，将课文、生字书写和故事续编结合在了一起，孩子们在课堂尽情交流，大胆创编，自信展示。在时空重构背景下的大单元教学，促使学生开阔视野、增长见识、学会创造。

一路实验，先行者们开路时心潮澎湃，攻坚时脚踏实地，变革时精彩纷呈。一个个故事，历久弥新，振奋人心。

故事10

"包班"教师的一天

在崇文"新班级教育"中，有一群富有活力的"包班"教师。"包班"教师是一个班级孩子们的班主任，也是班级所有课程的任课老师。他们有的主教语文、英语、音乐、品德与生活，有的主教数学、体育、美术、综合实践等。在新班级教学实践中，他们对教学组织形式进行改革，不断创新协同教学的课堂实施模式：适应学生不同认知风格的平行教学型模式，适应学生能力差异的并列型模式，适应学生兴趣差异的学习站型模式，适应个别化教学的一教一辅型模式。

"包班"教师的上班时间涵盖了学生在校的所有时间，"包班"教师的工作地点就是学生所处的地点，"包班"教师全面融入了学生的班级生活中。班级氛围、课堂教学、生生关系、师生关系、班级活动……这一切有机组合在一起就构成了班级生态，决定了学生的成长状态。"包班"教师深知一个班级应该像一个家，给予孩子安全感和温暖的同时，也提供各类使其成长的挑战：要探究知识，要学会合作，要与同学共同经营班级生活……让班级成为师生成长的"共同体"。

成长，正在悄然发生……

□ 沐浴晨光，聆听拔节的声音

清晨，孩子们沐浴着晨光来到校园，美好的一天就从"活力晨间"

开始了。这一天,沈老师早早地来到操场,带领早到的小朋友们跳绳。"董老师,你看,我们的小张上周只能跳100个,今天已经能跳130个了呢,为他点赞!"沈老师一看到好搭档董老师,就立刻和她分享今日的小欣喜。董老师激动地说:"这进步也太大了,一会儿在成长手册上,我要把小张这一刻的成长分享给他的爸爸妈妈。沈老师,同学们都来得差不多了,你带着他们玩玩团队游戏。我再好好夸夸小张,相信接下来的这几天,他还能给我们带来惊喜。"

晨间短短的二十几分钟,是孩子们挥洒汗水、向阳生长的时刻。我们的"包班"老师,用爱呵护孩子每一个进步的瞬间,用行动去放大孩子们的进步,用心聆听着生命拔节成长的声音。

□ **及时补位,细致关注每一人**

活力满满的晨间运动结束后,"包班"教师会带着孩子们回到班级,开始经典诵读。老师会带着孩子们读《三字经》等经典古诗文,也会和孩子们一起念儿童诗,读微童话。

每天,孩子们都特别享受这美好的晨读时光,偶尔也会出现一些小插曲。经典诵读时,徐老师发现小刘同学拿着诵读本,却有点儿心不在焉。因为要带着孩子们一起诵读和赏析,徐老师用眼神示意郭老师。郭老师立刻心领神会,走到小刘身边,悄悄和他说:"老师想请你帮个忙,过来一下可以吗?"郭老师便领着小刘到一旁单独交流。原来,他忘了带雨鞋,想着下午没有办法去农场劳作了。郭老师和他探讨了解决问题可以有的办法,可以在土地的边缘劳作,可以套两只塑料袋充当临时鞋套,可以……最后,小刘选择了他自己认为最好的办法,飞快地回到了座位。这时,郭老师朝着徐老师做了一个"OK"的手势,两位老师都会心一笑。

这是包班教师有效"协同"的一刻，身处同一个班级，要随时准备"补位"。包班，能让老师们更细致地关注到每一个孩子，给予及时的关怀和帮扶。

▢ 协同教学，丰富教学与交往

晨读结束了，今天上午第一节课开始。一（5）班的孩子们要一起读绘本《一条聪明的鱼》。这是一节"绘本协同课"，是语文、英语、音乐、美术等多学科的有机融合。

早在一周前，方老师和郑老师就开始探讨这节课该如何上了。

"郑老师，下周五我打算上这本绘本，你看看，有什么建议吗？刚好我们现在是无铃声日，可以将明天的上课时间和内容重构一下。"

"好的，方老师，我看看。这一节课上其实可以复习很多有关鱼的英语单词，比如，smart、fish、colorful、short、big、ocean。这个部分我们可以和Mike说一下，刚好第三节是他的外教英语课，单词的发音部分就交给他了。"

"嗯，对啊，这样就营造了一种浸润式的英语学习环境。"

"这一页，这条聪明的鱼会做这么多事情，刚好上一节英语外教课上刚学习过I can … / I can't …的句式。"

"我觉得绘本当中的情境很有趣，可以用采访小鱼的形式一起来复习一下句式。"

"就这么定了！还有这一页，可以渗透音乐元素。"

"怎么渗透呢？"

"我们找一找合适的音乐，让学生扮演小鱼，一起玩我们之前玩过

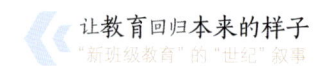

的'一条小鱼'的游戏，跟着音乐律动起来。"

……

两位老师相互启发，打开了思路，好点子一个接一个蹦出来。一节生动有趣、整合了多门学科的绘本协同课在"包班"教师们的探讨中逐渐成形。

这样的课，如果仅仅靠一个人的力量，是没有办法完成和实现的。这样的协同，使得各门学科的有机、科学融合成为可能。这种融合，不是各学科的简单拼凑与剪裁，而是课堂教学的深化，是丰富多彩的教学与交往活动，有利于学生的聪明才智、健康个性得到更好的发展。

◻ 立足教材，变革学教方式

学科整合的研究已经成为"包班"教师们日常教研的重点，并且把全学科教学观渗透到国家课程的日常教学中。

"现在都是电子支付了，人民币的学习对孩子来说有难度，陈老师有什么好方法吗？"沈老师挠挠头，边看着师父边问。

"'认识人民币'就是一节基于项目学习的数学整合课。我们已经引领着孩子们认识了人民币的面值、单位，初步了解了人民币的发展史。接下去，要让学生学以致用。数学课也可以上得很有趣，有时候跳出书本的框架，你的思维也会打开。"

沈老师回到教室后，又开始不断思考。他也和自己的包班小伙伴董老师探讨这个难题。董老师说："现在杭州已经进入了亚运时期，我们可以给孩子们创设一个真实的情境：作为小小东道主，小朋友们要变身志愿者，带着外国友人去咱们杭州具有历史底蕴的河坊街参观、购物。你觉得呢？"沈老师连连点头，思考良久后去找师父探讨起自己的设计框架。

"既然要购物,那就要运用这节课学习的人民币知识来计算价钱,还可以用到一些基本的英语对话。下午咱们学科组老师一起聚一聚,我觉得这可以是一节很有意思的课。"师父一边分析,一边思考。

一场小型数学教研活动在放学后悄然而至。大家你一言我一语,各自发表自己的观点和建议。

"情境创设从实际出发,契合新课标的要求。"

"把数学和生活有机整合到一起了,学生的积极性肯定很高。"

"基于情境,我们还可以搜集一些亚洲国家的货币图片和硬币,比如泰铢、日元、韩币等。"

"是不是还可以把各式各样的硬币拓印出来,和美术做一个小小的融合?"

"这有助于拓宽孩子的视野,也让他们对亚洲国家有更多的了解。"

"让数学回归生活,让知识还原本真,是我们的追求。"

"学习单要好好设计,致力于让情境真实,是一个真情境。"

"协同教学可以用上,还可以尝试多人协同。当学生根据学习单进行模拟购物时,协同老师负责一个购物点,核对孩子的学习单,并把相应的商品递给孩子。"

"我们搭好框架后再细化一下教学设计,这节课会很有意思的。"

大家你一言我一语,思维的火花在此时不断碰撞。

□ 闲暇午间,让一切自然发生

每天中午的闲暇时间,孩子们最喜欢去的地方就是港湾,这些港湾分布在学校的各个角落,提供丰富多彩的活动。孩子们可以根据兴趣自主选择,去英语港湾听听英语故事,和外教交流自己的趣事;去数学港湾搭搭积木，挑战汉诺塔；去未来空间创意拼搭，提升空间想象力；去科学港湾感受探究的乐趣；去阳光农场挥洒汗水，体会丰收的来之不易……

这是孩子的闲暇时间，也是"包班"教师独有的发现时间。

"项老师，今天数学课上，我观察到小余同学不太认真，倾听时总是做自己的事情，对同伴的发言也并不关注，但是中午在未来空间，我发现他在拼乐高时特别专注，空间感很强。"中午一回到教室，张老师就迫不及待地和他的包班小伙伴分享自己的发现。

"真的呀！明天数学课我就用乐高积木来教学立体图形，让小余同学露一手，趁机鼓励他，激发他对数学学习的兴趣。对了，我发现小陆同学在玩彩泥时，懂得谦让与分享，当他发现身边的同学材料不够时，能主动帮助对方。"项老师也同样表述着自己的发现。

孩子可以在丰富的活动中选择自己喜欢的内容，不断探索、前进，在活动中学会与人交往，独立思考解决问题，让心智得到充分发展。在不经意间，我们的"包班"教师也学会了更全面、更真实地看到每个孩子不一样的一面，发现他们的闪光点。

◻ 主题活动，给学习多种可能

主题学习课程是"新班级教育"课程体系中体验类专题研修课之一，这也给陈老师、蔡老师这两位"包班"教师发挥"合力"提供了又一个平台。

这个星期天是母亲节，"妈妈我爱你"主题活动在这一周有计划地进行着。周一的circle time，陈老师告诉孩子们母亲节的来历、意义。孩子们回到家进行了问卷调查，了解妈妈的兴趣、爱好等。周二的语文课上，陈老师教孩子们朗诵关于妈妈的诗，并进行了诗歌创作。周三的音乐课上，她又引领着孩子们通过歌声和表演表达对妈妈的爱，从歌词中感受妈妈的艰辛。蔡老师也紧跟陈老师的步伐，在美术课上带着孩子们画妈妈的肖像，用彩纸制作爱心。周五，两位老师陪同孩子们一起制作一份送给妈妈的特别的礼物——绘本《我妈妈》。放学时，引导孩子们在母亲节当天，亲手给妈妈送上这份神秘礼物。

"包班"协同教学从宏观上看是分层教学，从微观上看是小组合作学习。"包班"教师充分发挥协同的优势，不断变换课堂教学实施模式，尽量满足不同学生的不同需求，让孩子们都能得到个性化发展。

围圈分享，倾听孩子的声音

"今天的circle time是什么主题呀？有哪位同学要进行分享？"下午两节课后，孩子们围着老师不停地问。

"小王同学今天给我们带来的是一个科学实验，同学们快坐下来，围成一个圈，仔细观看小王的实验吧。"何老师大声地宣布今天的主题。

这样的场景，每周都会上演几次。何老师和张老师根据自己班级每个孩子的特色，有针对性地设计活动主题，创新活动方式。小娄不善于表达，但运动能力极强，鼓励他来一次运动达人秀；小连写作业速度慢，但动手能力特别强，还喜欢自己琢磨一些有意思的小实验；小田的妈妈总在"成长手册"上夸孩子认真完成家务，这个家务小能手肯定有很多的小妙招可以分享……

作为孩子成长的陪伴者、促进者、见证者，孩子的一言一行牵动着"包班"教师的心。他们借助围圈分享这一平台，让孩子们多方位、多角度地展示自己，发现自己和同伴身上更多的闪光点，在分享中增进了彼此的友谊。他们也在用心倾听孩子成长和收获的声音。

□ **关注差异，多线并行追踪**

孩子们一天的校园生活结束了，"包班"老师仍在忙碌着……

打电话给生病请假的孩子，询问他的身体状况，并告诉他今天的学校生活。

在港湾活动中发现了平时听课习惯比较弱的小余同学，居然在搭乐高时特别专注，并且空间想象力很强。老师们决定约他的家长一对一沟通，表扬和肯定小余的优点，同时给予一些方法指导，借助家校合作，激发小余的学习内驱力。用行动践行崇文"新班级教育"理念——我们的孩子，我们共同来教育。

跳绳有进步的小张，家长是否也同样给予孩子肯定和鼓励了？明天要持续关注。

忘带雨鞋的小刘今后还会遇到类似的问题，要积极引导他学会去面对问题，想办法解决问题。同时，班级里还有一些丢三落四的小迷糊，可以开一次班会，让孩子们自己来讨论交流，想想怎么避免这类问题发生。

一声声问候、一条条记录、一句句家校留言，这是"包班"教师们对自己班级工作的整理。他们走到孩子身边，清楚地看见班级中的每一个孩子，了解孩子的故事，肯定每个个体存在的价值和意义。

"包班"教师们继续交流着今天的得失，商量明天的教学工作……每一天都是全新的开始，每一天都充满了机遇和挑战。教师们给予孩子们关注和陪伴的同时，也在和他们一起成长。秉持"看见班级中的儿童，打造儿童心中的班级"的理念，崇文"包班"教师们将一如既往地从儿童立场出发，着力打造"促进每一名学生全面而主动的发展"的新班级样态。

故事11

时空重构下的跨学科主题活动与大单元教学

为响应时代需求和培育时代新人，教育部发布的《义务教育课程方案（2022年版）》明确课程实施要深化教学改革，强化学科实践、推进综合学习，强调"整体理解与把握学习目标，注重知识学习与价值教育有机融合，发挥每一个教学活动多方面的育人价值。探索大单元教学，积极开展主题化、项目式学习等综合性教学活动，促进学生举一反三、融会贯通，加强知识间的内在关联，促进知识结构化"，并在课程实施时"统筹各门课程跨学科主题学习与综合实践活动安排"，各门课程原则上至少要用10%的课时设计跨学科主题学习。"大单元教学""跨学科学习"，成为新课标下影响中小学教师开展具体教学实践的关键问题。

在2022年版新课标发布时，世纪崇文基于儿童学习时空重构的"大单元教学""跨学科学习"等教学改革，已持续开展了数轮。

□ 从学科跨进生活

又是一年清明时节。学生经常在心情日记中关注雨纷纷的天气现象，也对清明、谷雨的一些风俗产生了兴趣。一天，庄锋迪老师在三（3）班听到了一段对话。

"语文阅读材料中出现的是'清明前后，种瓜点豆'，但是科学顾

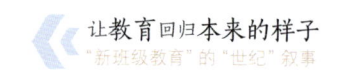

老师在国旗下讲话时提到了'谷雨前后，种瓜点豆'，到底哪个是正确的？"

"难道我们播下的种子全军覆没是因为种得太早了？"

于是，以"探究节气"为主题的跨学科学习活动就顺理成章地开启了。2019年的3月到5月，庄老师带领三（3）班的学生探究了"清明、谷雨"两个节气。庄老师先指导学生通过采访、调查、资料整理等方式，初步了解节气对于生活的指导意义，然后经小组内商讨形成选题，制订研究方案并在行动中调试。

确立选题，是跨学科学习活动顺利开启的重要一环。选题指导注重"问题从学生中来""研究真实的问题"。庄老师选择用学生已经产生的几个疑问作为引子，引发全体学生开展头脑风暴，并用闯关的形式把任务分解成了几个小步骤，很快，各组的研究小主题就出来了。

然而，很快，问题也随之而来。

"老师，我总是查不到我想要的资料，搜索出来要么显示其他页面，有时好不容易找到了，内容也是偏题的。"

"老师，百度中不同页面搜索出来的答案不一样，我不知道哪个是对的，哪个是错的。该怎么区分呢？"

"而且，查出来的有些资料之间是相互矛盾的。"

确实，查找资料是门学问。"搜集和处理信息"的能力不仅是现代人应具备的本领，还是语文学科应着力培养学生形成的素养，课标亦有相关阐述。由此可见，作为信息素养内涵之一的"查找、运用资料"的能力，已经被纳入学生语文素养的范畴，成为语文教学的一项重要课程目标。在信息技术课程中，也有"上网查找资料""网上信息搜索"等学习内容。庄老师顺势请信息技术老师协同教学，帮助孩子们认识一些专业的网络学术资料库,并从中运用关键词查找资料。从学生的后续反馈来看,学术资料库中找到的资料帮助他们解决了诸多困惑。

难题一旦攻克,后续的研究就顺利多了,很快就到了成果展示交流的时刻。我很荣幸受邀参与了孩子们的"节气发布会",他们自编自演的四季轮转情景剧和自制的节气书签,都给我留下了深刻印象。印象最深的,还是他们的调查报告答辩。他们从问题出发:"在清明时节种下自己喜欢的种子,希望能够收获累累硕果,可是我们的种子全都没发芽,这是为什么呢?"然后通过提出假设、获取证据,一步一步化解疑惑,最终形成观点——这不就是一次严谨的科学研究吗?当汇报现场其他小组的同学提出疑问,他们还能举一反三,用自己研究所得的观点解释市场上的本地西瓜、外省西瓜,本地杨梅、外省杨梅等水果上市的时间差与所在地域的纬度关系。真是出乎意料!我鼓励他们进一步研究下去,争取赶上学校下一年度科学家课程的成果发布会。

□ 在活动中落实指导

学校顶楼有占地3亩的小农场,每班分得六垄土地用于种植实践,是学生校内活动探究的重要场所。在农场实践时,学生发现"土壤容易干"这个问题,尤其气温较高或一段时间不下雨时需频繁浇水。日常植保要花费大量精力。建造楼顶农场时,学校考虑可能的积水、渗水等问题,专门设计了引流的排水洞。此举导致农场土壤的蓄水性不如原始土地。当学生了解实际情况后,提出要从节能环保、节省精力的角度,去改良农场灌溉方式。

学生发现问题,思考问题,并主动提出解决问题的思路,教师当然要积极支持了。学校有较为丰富的信息类课程及设计制作相关的设施设

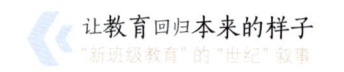

备：三维趣味设计、趣味编程入门、程序世界中的多彩花园、简易互动媒体作品设计，木工坊、编程区、3D打印区、乐高拼搭建模坊等。学生可根据设计制作的需要合理选择，充分利用。

于是，学生带着问题去农场再次考察，寻找灵感，然后讨论交流，筛选、组合，形成了四个设计方向，并组建了设计小组。作为老师，角色就成了引领者、参与者、促进者。遵循"因需而导"的指导原则，当任一小组遇到了困难，教师便组织指导。

比如，两组学生带着初步完成的数控灌溉系统进行实验，结果似乎不太令人满意。庄老师看到了他们记录的困难：编程操作出了问题。可庄老师是语文老师，比他们更加不擅长编程。作为活动的组织者、促进者，庄老师邀请信息老师进入课堂，指导学生解决编程技术问题，自己则参与协同，陪伴学生尝试、对比。通过两次课内协同指导，这两组学生的编程问题得到了解决，其他同学的编程能力也得到了提升。

再如，当庄老师发现学生普遍对比例没有清晰的概念，画出来的图纸不成比例时，就提供了数学"比例与测量"的指导。她带着学生去实地测量，指导他们使用卷尺，记录数据，再按比例缩小，使修改后的图纸能更准确地呈现农场实际布局。

类似的指导小故事还有很多，回顾整个过程，一个原则始终贯穿：根据学生的需要展开指导。活动持续了两个月，最终各小组的成果有图纸、检测模型的演示、编程设计等。这些物化成果是学生的收获之一。

收获之二是他们经历的成长。学生合作解决问题的能力、环保意识、实践创新的意识与能力都有了一定程度的提高。尤其是两个平时学业表现一般的孩子，在主题活动中表现精彩，得到了同学们的肯定。

◻ **大单元研究，做就是了**

2021年1月28日，微信里突然多了一个群组"世纪城时空重构课题组"。我在群里发出了第一则通知：2月1日上午要召开课题组会议，全体群内老师都要参加。

看到这条通知的时候，群内的老师们会想些什么呢？其实我也充满了疑问：时空重构为何？时空重构究竟如何？

带着众多疑惑，我和老师们齐聚会议室。众人之中，有一个身影显得低调又独特，她就是课题的顾问——胡昌翠，胡博。我请胡博先发言，她的那一抹微笑至今我还记得，如此恬静，如此淡然。"我知道大家一定觉得有难度，连我自己都还无法完全摸透'时空重构'，大家一起做，有疑问咱们一起解决哈。"

如此自谦的开场白瞬间温暖了大家。是啊，博士也没搞懂的课题，大家想是想不通的，做就是了。

经过讨论，确定了第一阶段以"大单元"时空重构模式探索先行。语文组第一个站出来勇挑重担的是组长陈逸青，担任第一轮实验班的践行者。这确实很符合陈逸青的风格，她常说："没有比脚更远的路，没有比人更高的山。多一份尝试的勇气和改变的决心，就多了一份成长蜕变的可能。"对于陈逸青，楼说行副校长曾说，逸青身上有着崇文人的韧劲、干劲和闯劲，十分中肯。

特别有韧劲、干劲和闯劲的陈逸青，领了任务就开始了踏踏实实的实验。交报告的那一天，陈老师抱着电脑，风一样匆匆步入会议室。身未坐定，声先传来："我的第一轮研究材料总觉得少点儿什么，想听听胡博的意见。"

"陈老师,你已经很不错了!你的语文课例十分具有研究价值……"

那一刻,我看见逸青的肩膀明显松了下来。

"当然,陈老师,在理论逻辑方面还需要完善……"胡博继续深入浅出地为逸青讲着,这些指导都成为逸青后来继续深入大单元研究的着力点。

新课标下,"大单元教学"让许多教师都觉得无从下手。崇文世纪城的老师们在实践中明白了一点:想搞懂大单元,"做"就是了!一边做,一边寻求做研究的价值感和松弛感。时空重构的最终落地,一是源于我们对所从事的事业有发自内心的热爱与痴迷,二是我们都具备不被社会裹挟的自信与坚毅。

故事12

特色凸显的专题课程

在崇文的"新班级教育"课程中，主题学习一定是学生最喜爱的课程之一。在众多主题学习课程中，专题研修课程是学生最期待的。学校的专题研修课程有三年级走进社区、四年级生存训练、五年级国防教育、六年级农事体验和毕业秀课程。

专题研修课程，是学习时空重构的另一种样态。在专题研修课程里，孩子们的体验空间不再局限于校内，而是放到社会空间，让孩子们走入社区，走进广阔的社会课堂。学生不仅一周不上课，在这一周还住校，真正践行了伟大的教育家陶行知先生所说的"社会即学校，生活即教育"。主题鲜明，分年段实施，让孩子经历符合身心发展特征的主题体验类课程。

在一周的时间里，学生吃住在基地，极大地锻炼了他们的自主生活能力。三年级孩子的爸爸妈妈看到孩子能够自己叠被子、系鞋带、洗衣

小海燕经历特色专题课程

服——这些事孩子日常在家不会做也不愿做，经过一周的体验课程都会做了——非常感动，孩子也在老师和家长的鼓励中感受到成长的自信。在国防教育体验周中，孩子们就寝纪律一天比一天进步，食堂用餐一天比一天有序，集队速度一天比一天迅速，会议听讲一天比一天认真，严守纪律真的像是崇文小军人。农事教育体验周内容丰富、精彩纷呈，参观水稻研究所、现代农业园、农耕馆、茶叶博物馆、渔山最美乡村，聆听茶叶知识讲座、植物细胞讲座，参与茶艺表演、挖番薯、小白菜种植、水稻收割、橘园野炊、野外露营等丰富多彩的社会实践，接受了农耕文化的熏陶，体会了劳作的辛苦与收获的快乐，提高了动手能力、合作能力和解决问题的能力，锻炼了意志品质，"耕读文化，诗书礼仪"深深印刻在孩子的心中。

设计：专题研修课程的"专"与"研"

专题研修课程的设计者以学校学生处、年级组长和所在年级教师为主。2018年，学校来到萧山区钱江世纪城板块时，所有的专题课程都在原有基础上进行升级迭代，尤其是三年级走进社区课程。

在楼说行副校长的指导下，陈通和郑玲雅老师就开始了课程的重新设计。他们在认真学习以往课程的基础上，开始探索新的社区学习课程。首先学习国家课程对小学中高年级的德育目标，其中一条是"了解家乡发展变化和国家历史常识，了解中华优秀传统文化和党的光荣革命传统"。而社区是家乡和自然的缩影，蕴含着丰富的教育资源，能对学生进行爱家乡、爱祖国的教育，同时《道德与法治》教材第四册、第六册中，也有爱家乡的教育。但是通过对小学三年级学生调查发现，很多孩子对社区的名称、位置、功能、设施等一无所知或者张冠李戴，社区成了孩子们身边"熟悉的陌生人"。

明确目标,就开始组建核心备课组,设计全新方案。面对崇文世纪城的新环境、新地域,核心备课组从学期初便开始寻找课程设计方向,梳理设计思路。4月底,楼说行副校长、陈通副主任和年级组长郑玲雅老师对学校周边的社区资源进行了先期考察,进一步确定了设计思路。同时,年级组成立了走进社区核心备课组,按"整体架构—分项开发—再整体架构—分项修改"的流程设计方案,加上各负责人搜集资料,学习往届资料,整体方案既有继承,也有创新;既体现了学校所在社区的本土特色,又不失综合性、开放性及国际性。

接着,实地踩点,确定课程细则。前期,陈通和郑玲雅老师一起跑到国博中心沟通参观学习路线,跑到北大研究院讨论学习内容。每个项目负责老师都提前两周至各场馆踩点,联系工作人员预约活动时间,交流活动方案。在活动前一周进行第二轮联系,明确活动细节、活动时长,完善活动方案,方便班主任向学生解读,确保了活动的有序性。

然后,制定课程,指导课程开展。每天上午和下午的课程,项目负责老师都精心制作了课件,解读活动的目标及意义、场馆特色、活动流程、注意事项、安全提示等。这些课件,有些适用于行前介绍,有些适用于课程总结。课程中,还特别关注学生设计思维导图、实施问卷调查和开展研究性学习的能力,因此在资料包中特意制作了两份指导课件,用图文并茂的形式向老师、学生介绍了如何设计思维导图,如何开展问卷调查。

最后,年级会议确定课程方案。活动前年级组开了两次全年级的沟通会,每一位核心负责人都介绍了自己的项目,解读方案、解读手册、展示课件、征集建议。通过会议,全体三年级的老师都对五天"走进社区"的课程有了全面、细致的了解。

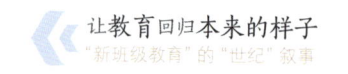

◻ 实施：精彩源于对细节的把控

三年级学生第一次住校参加课程，老师们将面对新的困难，也将齐心协力让课程尽善尽美。

为了确保活动的顺畅，五天的活动，年级组每天安排了行前会议和活动反思。等学生就寝后，忙碌一天的老师们便到休息室开会，反馈当日活动中学生的表现、管理上的得失，以及第二天的改进措施；核心备课老师会再一次解读第二天的活动方案，强调注意事项。老师们在讨论中会继续补充管理上的细节，确保第二天活动更加落实和顺利，往往一说就是一个多小时。

走进社区的五天，天气不佳，时不时伴随着雨水，给大家的外出带来诸多不便。第一天上午走马观花看社区时，许多同学的鞋子、裤子就被淋湿了。回到学校后除了后勤处的姜汤暖身，老师们纷纷提醒学生更换湿衣服，擦干头发。得益于前期的踩点，熟悉场馆附近的道路，外出时我们总是尽量请司机将大巴开近目的地，减少孩子们雨中步行的路程。

小海燕走进社区

特别是第三天的课程"走进市民之家",学生需要在市民中心、杭州图书馆、城市规划馆、电影院之间来回行走,外加街头问卷调查,遭遇雨天实在麻烦。老师们灵机一动,将移动路线从地上转入地下,绕道地铁,避开了大雨,又增加了别样的社区体验,孩子们特别高兴。

许多孩子都是第一次离开父母独立生活,在这五天里,老师既像爸爸,又像妈妈:帮女生吹头发,教男生折床单,替踢被子的小家伙盖被子,提醒孩子们换短裤……想家了,到老师这里坐一坐,和老师聊一聊,哈哈一笑,一觉睡到天大亮;流鼻血了,老师帮着正确处理;牙齿掉了,老师帮忙止血……五天里,老师给予孩子贴心的关怀,让他们感受到家的温暖。老师和学生的寝室插空安排,方便孩子能最快地找到自己的班主任和老师。无论是起床还是就寝,老师们都进入寝室管理、照顾学生。起得早,睡得晚,查夜岗,为了学生的安全,没有老师抱怨,统一执行,默默付出。

一周的课程学习,老师非常辛苦。他们笑说,这一周,每位老师都是斜杠青年,白天是教师,晚上是课程改进的设计师和学生的宿管员,随时还要当好捕捉、记录学生精彩瞬间的摄影师。

但一周的时间,学生的进步非常明显。寝室内务整理一天比一天整洁,一天比一天迅速。时间观念、纪律意识明显增强,特别是集会晨练和熄灯就寝,后面四天都能做到一定的提前量。周二参观胡雪岩故居和第一社区,周三参观规划馆、图书馆和市民中心,学生真正践行了"0"级音量。最令人赞叹的是,当孩子们走上街头开展问卷调查时,他们彬彬有礼,自信大方,善于交往,赢得了许多过往市民的赞扬。孩子们用自己的实际行动诠释了"崇文海燕,杭州骄傲"。

为期五天的活动,绘制《未来社区规划图》的任务贯穿始终。每天

小海燕畅想未来社区

活动结束后,孩子们都能在图纸上一点点、一笔笔添上新的设想。周四晚上的发布会精彩纷呈。当我们看到中式院落设计时,想到的是胡雪岩故居中的某个建筑;当我们看到人脸识别、无人化超市设计时,想到的是商汤科技工作人员的某些介绍;还有智能化红绿灯、临时幼儿托管中心、老年公寓、机器人饭店,这些充满科技感和人文关怀的设计,无不渗透着几天社区参观研学的收获。

□ 专题研修课程的迭代与创新

每一个专题研修课程都经历这样的迭代与创新。每一次的创新都是崇文教师智慧与汗水的结晶,每一次的创新只为学生的发展。

老师们在六年级农事体验中加入了对茶文化、稻文化和棉麻文化的研究和发布。研究水稻的学生,从插秧、割水稻、参观农具馆、稻田探宝等活动入手;研究茶文化的班级,特别聚焦到茶艺表演、参观茶博、名茶采制等活动中,做笔记、查资料、手工绘图、制作PPT、分工汇报。每个班级的同学代表都在报告厅闪亮登场,汇报了研究成果。选择主题—制订研究方案—开展研究—梳理成果—正式发布，小海燕们充分体验了整个研究的过程。

老师们对四年级的生存训练也进行了改革与创新。根据四年级学生的身心发展，此时是逐步进入青春期的过程，但学生仍较为稚嫩，为此开设了6个课程内容，分别是小小药剂师、拒绝毒品、逃生训练、对校园欺凌说不、我们的身体、预防近视，通过自主选课、班级分享的形式，提升学生日常生活中的生存技能，培养爱惜身体、珍爱生命的安全意识。

生存训练户外模拟课程也做了较大改进。根据野外生存任务，整理徒步背包，制订节水计划；根据地图和指南针明确行进方向；结合自救自护内容，通过分工完成野外包扎等急救任务；根据植物园活动场地特点，结合四年级的中草药项目化主题学习，辨别可食用植物……具有挑战性的任务给学生带来较为真实的体验。最大的变化是根据校区游泳课程开展情况，以人人会游泳，学会水下救护为目标，设计了分层、分类的课程，合理调整了课程时间，开展了游泳达标技能章、游泳接力赛、水下脱卸重物等生存技能训练。

落水后怎么做？小海燕在教练指导下学习解脱重物、自救仰漂和浮力棒救助等技能，不断强化生存本领

精彩的戏剧之夜

    毕业秀课程中最难忘的当数戏剧之夜和演讲赞崇文。六年级学生历时一个月，分别演绎了《花木兰》《大战红孩儿》《狮子王》《哪吒之魔童降世》《灰姑娘》五个剧目，开展了表演元素、角色扮演、创编故事、演示事件等一系列由戏剧手段打造的互动式、体验式活动。学生根据要求开展了一系列跨学科项目式学习，内容涉及中外名著阅读、影视欣赏、文学创作、戏剧表演技能、人际交往技能、朗诵、信息科技、艺术审美等各方面，是一次综合性很强的实践活动。在这一个月的课程中，随着戏剧的排演进程，同学们互相支持，相互帮助，树立了正确的合作与竞争观念，养成了积极、开放、包容的心理品质，提高了适应变化、应对挫折、团结协作和统筹规划的能力，这些都是学生实现终身发展的必备品格和关键能力。戏剧之夜必将成为学生学业生涯中影响深远、难以忘怀的一课。

在演讲赞崇文课程中，同学们将分别进入幼儿园大班以及一、二年级所有班级，用演讲的形式进行"我眼中的精彩崇文"汇报，向学弟学妹们传递对母校的热爱之情。演讲的内容由学生讨论生成，他们从一年级入学时"寻访崇文书院旧址"开始回顾，梳理自己与老师、与同学、与学校发生的各种故事，回望成长历程，感恩母校栽培。活动中，同学们经历确定主题、搜集素材、撰写讲稿、制作课件、试讲练习等环节，最终完成精彩的演讲。通过演讲赞崇文，每名学生置身于不同的展示平台，共享活动成果，发挥了潜能，增强了自信，感受到了自我成就，也将更加积极乐观地面对未来，迎接初中生活。学生从中具备的良好的核心素养，也必将陪伴他们在人生之路上越走越宽，迈向美好的未来。

专题研修课程的学习，真正实现了因材施教。"新班级教育"践行"不把课本变成学生的世界，而要把世界变成学生的教材"。这绝不是一句空洞的口号，而是在学校中实实在在发生的场景。

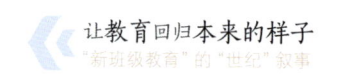

故事13

编织当科学家的梦想

2023年2月，习近平总书记在中共中央政治局第三次集体学习时强调："要在教育'双减'中做好科学教育加法，激发青少年好奇心、想象力、探求欲，培育具备科学家潜质、愿意献身科学研究事业的青少年群体。"同年，教育部等18部门《关于加强新时代中小学科学教育工作的意见》出台，强调学校是科学教育主阵地，要"以学生为本，因材施教，推进基于探究实践的科学教育，激发中小学生好奇心、想象力和探求欲，培养学生科学兴趣，引导学生广泛参与探究实践，做到学思结合、寓教于乐，自觉获取科学知识，培养科学精神，提升科学素质，增强科技自信自立，厚植家国情怀，努力在孩子心中种下科学的种子，引导孩子编织当科学家的梦想"。

崇文世纪城实验学校建校五周年，"科学家"课程开展五届，持续在世纪海燕心中种下科学的种子，树立当科学家的理想。

"科学家"课程自开展以来就深受学生的喜爱。为期一周的全开放式的科学家课程，打造了一种时间和空间维度上自主、自洽的学习模式，以学习时空重构为抓手，逐步推进学校整体课程变革，重塑儿童学习生活新样态。

在校园吉尼斯、挑战不可能完成的任务、科学实验秀、数学游园等活动中，学生的动手操作及主动探究能力提高了，科学学习的兴趣和热情也持续高涨；通过实践基地考察、课堂超市、科普沙龙、观看科普和数学电影等课程内容的学习，学生感受到了科技和数学对生产的变革、对生活的影响，促进了他们对科技文明与人类关系的理解；通过项目化学习、创新研究室等课程学习，促进了学生探究能力的发展，培养了理性思维，养成了良好的科学品质；通过丰富多样的展示平台，更促进了学生个性化发展。

注重探究实践的项目化学习，培养学生的创造能力

围绕时事背景，聚焦学生发展，开展注重探究实践的项目化学习，成了"科学家"课程的一大亮点课程。

2019年以"阳光农场"为载体开展研究，学生自主查阅资料，设计阳光农场的管网工程。完成的项目成果以项目竞标的方式实现物化的成果，极大地激发了学生的学习内驱力。

2021年聚焦"工匠精神"开展研究活动，各年级学生分别研究不同领域的工匠，以解决校园中真实存在的问题为宗旨，力争做"校园工程师"。

2022年顺应全球发展，以"太空探索计划"为研究背景，实现孩子们的航天梦。研究从古至今航天发展史，实现航天领域的设计和创新。

2023年积极响应杭州亚运会，以"数智融合，赋能亚运"为主题，各年级学生深入亚运背景、知识等研究，用自己的实际行动助力亚运。

在确定每个年级的项目化学习主题后，科学老师会带领各年级学生开展基于教材拓展的项目化学习。以最近一次的"数智融合，赋能亚运"为主题的项目化学习为例，一年级的学生了解奥体中心体育场的基本构造与功能等，从而化身为"亚运场馆建筑师"，设计建造结构更多

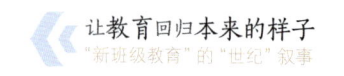

元、功能更强大的亚运场馆；二年级学生开展"亚运场馆速达导引"的研究，运用磁铁的功能制作导览模型，指引亚运场馆里的运动员和观众快速到达指定地点；三年级学生联系物体的直线运动、曲线运动、在斜面上的运动等相关知识点，提出了为亚运赛事增添"极速赛道"的想法；四年级的同学们畅想设计、讨论，尝试探索实现亚运场馆的绿色节能照明，用自己的实际行动"点亮亚运"；五年级的同学们为亚运设计"亚运之舟"，为来杭参加亚运的外宾们提供便利；六年级的同学们结合智能亚运主题，对"如何设计能提高出行效率的智能交通"产生了浓厚的兴趣。

在项目化学习中，学生运用科学知识解决真实问题，像科学家研究科学一样学习科学。从研究主题的确定到设计图的绘制，再到材料的准备、模型的搭建、作品的介绍，直至成果完善，学生会经历长达一个半月之久的学习过程。在这个过程中，学生学会了提出研究问题、与同伴交流、解决问题的综合能力，并学会团队合作创造出作品，进行成果展示。

结束了长周期的活动后，学生有感而发。

二年级学生感言

在本届"科学家"课程项目化学习中，我们二年级的同学以"亚运场馆速达导引"为项目主题展开了研究。

在研究初期，我们小队一起讨论了项目实施的方案，采取化整为零的方式对研究项目进行分割，设置了多个子项目。由小队内各个成员对子项目进行认领，最后再合作完成项目实施。

我特别喜爱手工制作，而且金球离我家也最近，因此我选择制作"金球"作为我的个人项目。为了更好地完成项目，我和妈妈利用周末时间，实地考察了位于钱江新城城市阳台的

"金球"。通过拍照的方式，从整体到细节对"金球"的结构进行了详尽的研究，并在妈妈的帮助下完成了"金球"的制作。

但我们在搭建过程中，我发现，我制作的"金球"与同学制作的"大莲花"相比，小了许多，无法整合在一起完成整体模型的拼搭。虽然在这之后我又换了一个更大的球来制作"金球"，但还是没有达到预期的大小。这可难倒了我，因为这是我能找到的最大的球了，这可怎么办呢？正在我发愁的时候，我忽然想起了冬天滚雪球时的场景，我想："能不能像滚雪球一样，把这个球越滚越大呢？"在试了几种方案后，我决定先用报纸将球体一层层包起来，让它变大，然后再包上一层金箔纸，使它成为"金球"。为了不再出现之前的问题，我又去了解了"大莲花"，在妈妈的帮助下计算出两者的大小比例，最终顺利完成了"金球"的制作。

可是在后续制作过程中，又出现了一个棘手的问题：我们要模拟制作出钱塘江，需要使用大量的蓝色橡皮泥，而我们没有准备这么多的蓝色橡皮泥，怎么办呢？于是，我们又进行了激烈讨论，大家一起商量解决的办法。最后我们决定用蓝色丝带来模拟钱塘江江水，并且我们发现蓝色丝带更符合我们的设想。

终于，我们的项目完成了，在看到完成之后的项目时我觉得很自豪，因为我知道这是我们小队智慧的结晶，同时我觉得如果由我一人来做，这个项目一定会遇到更大的困难，正是因为大家齐心协力在团队合作下才能顺利完成。此外我还明白了，在合作中互相沟通是必不可少的，如果我们提前沟通商量明确各个部件的尺寸大小，就不会出现"小球变大球"的问题了。

五年级学生感言

杭州亚运会即将召开，我们五年级同学抓住这个契机，设计了一系列"亚运之舟"。

我们小队决定融合各种杭州元素，设计一艘载重"亚运之舟"。

一开始，设计资料、绘制草图，我十分惊喜与激动，了解了许多常见的结构，并在设计图上画出了我心目中融合了钱塘江、杭扇、良渚文化、"潮涌"和桂花的"亚运之舟"。后来的小组讨论，又令我大开眼界。最终，结合小组成员设计稿中的优点，绘制了小组设计图。

搭建骨架的时候，过程十分困难，铝塑管的长短、角度也难以把控，固定连接点更是一大难题。于是，我们经过讨论、商议制订了详细的可行方案。从中我体会到团队合作解决问题的成就感。

在妈妈们的帮助下，我们成功制作了骨架，并贴上塑料薄膜。最后的外观美化环节，我和小伙伴互相帮助，调色、刷颜料、勾线、风干……在许多的细节中，我都体会到团队协作的力量比一个人单干要大得多。

最终，我们的船在试水过程中表现得异常出色，令大家出乎意料，就算剧烈摇晃船身，船也没有翻，骨架变形、薄膜破裂等设想中可能存在的问题也没有出现。看到我们的船试水成功，我们小队三个人共同分享着这份快乐！

"亚运之舟"，永远向前。我们将继续努力，不断创新！

◦ 注重科学研究的创新研究室，培养学生的理性思维

创新研究室学术发布会更是在教育"双减"中做好科学教育加法的一种实践。崇文世纪城的创新研究室学术发布会鼓励学生要像科学家一样善于观察、学会思考、敢于创新，在学习生活中加强科学研究，将自己的观察发现和研究成果撰写成学术论文，并面向全校进行成果发布，在培养学生科学思维的同时更锻炼了学生的表达力。

学生经历创新研究室的学习，融通所学知识，能对一个项目展开深入研究，经历一个科学的研究过程，建构属于自己的知识体系和观点；在促进探究能力发展的同时，培养理性思维，提升解决问题的综合能力和创新精神品质；最后体验科学发现、科技发明的完整流程，为优秀学生创设展示平台，展示创新成果，分享研究乐趣，促进学生个性化发展。

创新研究室培养了一批批爱研究、爱探究的小小科学家。

"你是否曾将食品遗忘在冰箱而错过最佳赏味期？"

孙凌霄同学进行了"智能冰箱的创想"的研究。在生活中发现问题，经市场考察与分析，围绕如何设置保鲜提醒进行探索，并用乐高搭建智能冰箱模型。在此基础上又对未来的冰箱发展提出了自己的设想。在设计、搭建、思考、分享的过程中，收获了满满的成长。

浙江省青少年科技创新协会副理事长陈欢庆老师给予了孙凌霄同学高度肯定："一位小学生竟能如此关注生活，发现生活中的问题，并能尝试解决。孙凌霄同学的研究很有市场价值和发展前景，希望他能继续研究，可以为自己的小创造申请专利，并应用于社会。"

同学这样评价他："他如攀缘的凌霄花，在科技的春风里尽情绽放。他用热爱汇聚智慧的灯塔，始终保持独立思考和判断。他用努力踏上理想的征程，一贯坚持执着探索和研究。笃志不惧风雨来，傲立枝头显本色。他就是五（5）班的孙凌霄。行而不辍，未来可期！"

"你是否担心自己种的植物因为维护不及时导致枯萎或死亡呢？"

王景浩和章正灏两人开始了漫长的"崇文智慧农场"的探索。为了让阳光农场的灌溉系统更智能，两位同学通过木板激光切割来拼接主体框架，利用带物联网功能的esp8266主板和温湿度传感器等配件进行组装编程，实现了班级农场自动和远程手动浇灌及遮阳等功能。

此次项目的研究和成果的发布极大地激发了他们的探究热情，他们走进生活，开始环保主题的创客研究，研究成果在全国青少年创·造实践活动暨第三届青少年文化科技论坛上展示，并获得银奖。

比赛结束了，章正灏同学是这样说的："这次的比赛经历，令我们获益良多，不仅在比赛中开阔了眼界，见识到了很多精彩的作品，更加重要的是增加了自己的环保意识和理念，想要为自己所处的这片土地贡献自己的一份力量。当完成森林垃圾桶导航系统之后，我们都感到了创造的幸福和成就感。森林本就是我们共同的家园，我们都不愿看到它破败脏乱的样子。通过这样一个系统，如果能够提高人们环保的意识，减少垃圾随处乱扔的现象，那对我们无异于是巨大的鼓励。愿人人都能从自己做起，从身边做起，还森林一片洁净，给世界多增添一抹绿色，许地球一个美好的明天。"

孩子精彩展示的背后，还有一群默默无闻的指导老师。每当孩子有想法时，指导老师们总在第一时间给予指导。

陈宣晔同学家养了一只猫，他和猫每天形影不离，成了亲密无间的好朋友。李翠老师不经意的一句话激发了陈同学的研究兴趣："宣晔，能不能让你最亲近的猫成为你的学习伙伴，或许你会有意想不到的收获啊。"于是，便有了陈同学的学术研究"猫也是懂科学的"。

实验做完了，怎么形成文本资料呢？陈同学又遇到难题了。"宣晔，不要急，把你在做实验中观察到的现象和结论先梳理好，然后再对应内容查阅相关的资料进行佐证。"就这样，经过一个寒假的研究，一篇论文雏形就生成了。

可是，想要在全校100多篇论文中脱颖而出，获得专家评审的肯定，这篇论文还是存在很多需要修改和完善的地方。在开学后的两周时间里，李翠老师手把手地指导陈同学修改论文十余次，从板块的修改到内容的完善，再到后来的格式排版，终于形成了一篇较为完整的论文。功夫不负有心人，这篇论文也最终被评为一等奖，入选现场发布。

发布会结束后，陈同学如是说："能站在全校的舞台上进行成果发布于我而言是一次全新的体验，也是一次很大的挑战，感谢老师们对我的指导与帮助。听完高云峰教授的点评后，我对猫的翻正反射在航天航空领域的应用有了更多的认识。希望感兴趣的同学能加入我的研究，一起迎接新的挑战！"

科学家梦想，在科学家课程起航！

故事14

闪电乐跑团

"健康第一"是"健康中国行"的一个重要理念，也是学校体育、卫生与健康教育的一个重要理念。每个人都是自己健康的第一责任人。2020年，两办《关于全面加强和改进新时代学校体育工作的意见》发布；2021年，教育部等五部委联合印发《关于全面加强和改进新时代学校卫生与健康教育工作的意见》，都强调不仅要让学生承担起自己健康第一责任人的职责，同时社会、学校、家庭也要承担起这样的职责，把"健康第一"真正放在教育教学、家庭和社会活动非常显著、非常重要的位置上来。

在崇文世纪城，有一群人迅速将"健康第一"落在了行动上。

每天早上7点半，他们准时在学校操场集合，开始跑步。他们的速度并不快，但一定会坚持绕操场跑完5圈，再绕着校园的越野跑道跑上一大圈。我给他们测算，操场5圈，大约1.5公里，校园越野跑道1圈，大约1公里，每天早上的长跑距离大约是2.5公里。

揭秘闪电乐跑团

闪电乐跑团？莫非这个团里的队员都跑得快如闪电？莫非这个团里的队员都非常热爱运动、热爱跑步？

其实不然，他们是要通过跑步，通过运动，"瘦"成一道闪电！

闪电乐跑团的队员，都是一批小胖墩儿。在近一年的学生体检中，学校发现有一部分学生的体重超重，体脂率偏高，BMI指数也超过正常值。在生活中，越是胖的孩子，越不喜欢运动。为了帮助这群孩子养成健康的运动习惯，学校充分调动各方力量，班主任和体育老师班级初选、校医卫生老师收集数据、心理辅导老师适时跟进，一共筛选出17名小胖墩儿，成为首批队员。这17名队员，主要集中在二、三、四年级，其中有两名女队员。

时间回到2021年8月20日，老师们还在暑假中，学校的行政班子已经约定这一天讨论新学期的工作计划。我早早来到会议室，李慧第二个走进会议室。"怎么瘦了这么多？"看到他的身形，我惊讶地说道。后面走进会议室的其他行政工作人员，看到李慧，也都发出了和我一样的感叹。

"暑假里在坚持跑步，5公里、8公里、10公里，基本上一个星期坚持跑四五次，跑着跑着就跑成现在这个样子。我记得疫情宅家期间，体重最高到过175斤，现在是158斤。"李慧笑眯眯地告诉大家。

"哇……"大家又发出一阵感叹。

"让李慧开个选修课吧，带着小胖墩儿们跑步！"楼说行副校长说道。

"对对对，李慧带着这些小胖墩跑，让他们也瘦成一道闪电！"

"还要给这支队伍取一个响亮一点的队名。"

大家你一言我一语说开了。

"瘦成一道闪电，那就叫'闪电队'吧！"

"闪电队"的队名诞生啦！

李慧成了闪电乐跑团的团长。

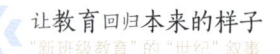

◘ 闪电乐跑团闪亮登场

"FLAG不倒，只管去跑！"2021年9月6日，响亮的口号，响彻崇文世纪城大操场的上空。

这一天是崇文闪电乐跑团正式成立的日子。

在升旗仪式上，李慧挺着个大肚腩，大腹便便地走上舞台，全校小海燕看到这一幕，都捧腹大笑。主持人赶忙问道："李老师，你这是怎么了？"只听李慧慢吞吞地说道，只怪自己在疫情防控期间，没有迈开腿，也没有管住嘴，就变成这个样子了。只见他一边说着还一边大喘气，慢吞吞地走下了舞台。

主持人接着说："想要身体更健康，就必须加强体育锻炼，李老师也意识到了这一点，于是他加入了崇文教师跑团，凭着自己顽强的毅力，每月坚持跑步60公里以上，经过5个月的坚持锻炼，李慧老师瘦身成功！让我们用热烈的掌声再次请出李慧老师！"

只见身穿运动服的李慧老师再次帅气登场，赢得了全校师生的掌声和欢呼声。同时上场的还有第一批闪电乐跑团的17名队员，队员们也个

闪电乐跑团开跑

个下定决心，要通过锻炼，像李老师一样成功瘦身。全校师生在闪电乐跑团的带领下，伴随着动感的节奏，在大操场上活力开跑，燃动全场！

崇文闪电乐跑团的成立，是我校落实国家"双减"政策、落实"五项管理"的一项创新举措。2021年1月至4月，教育部连续下发通知，对中小学生手机、睡眠、读物、作业、体质管理做出了规定。在"体质管理"中指出，要让家长和学生了解运动在增强体质、促进健康、预防肥胖与近视、锤炼意志、健全人格等方面的重要作用，提高学生体育与健康素养，增强体质健康管理的意识并提高相应能力。闪电跑团，就是将"五项管理"真正落地，关注校园里的每一名学生的健康成长。

日复一日不停跑

闪电乐跑团自2021年9月6日成立起，坚持每周四个早上（周二至周五）的长跑锻炼，风雨无阻。早晨7:25左右，李慧老师总会准时在大操场等着孩子们。

据我所知，李慧老师的家离学校比较远，单程有13公里左右，开车至少要25分钟。如果按时间倒推，李老师至少要在7点之前出家门。有一次闲谈时，我得知，为了保证每天早上的训练不迟到，他6点左右就起床。做一件事情，一次很容易，天天做就很难，贵在坚持。

正因为李慧老师的榜样作用，闪电乐跑团的孩子们每天早上7点半，也都能准时到达操场。这些小队员，每天要比班级里的其他同学早到校20分钟。早晨的20分钟，对每一个人来说，都是很"宝贵"的。特别是在冬天，都想在被窝里多睡20分钟。但是，队员们知道，如果多睡20分钟，这一天的晨练就会泡汤了，就会比其他同学少锻炼了一次，也和李老师爽约了。所以，小队员们总会把自己的起床闹钟提前20分钟，保证自己能在7点半准时到达学校操场。

在做完热身运动后，李慧老师就带着十几名队员开始慢跑。起初，小队员们都跑不了完整的一圈。有一次，我站在看台上，远远地看着他们，李慧老师跑在队伍的最前面，整支队伍拖了三四十米长。李老师时不时回头看看，见队员们没有跟上来，还大声喊着："后面的同学加油！"跑了几十米，就停下来原地跑，等后面的队员跑上来了，再接着向前跑。当时，我心里在想，要让这么一批小胖墩儿跑起来，真不是一件容易的事情。几个月后，当我再一次站在看台上，巡查全校的活力晨间运动时，只见在跑道上穿梭着一支队伍，领队的还是李慧，后面小队员的脚步已经轻盈了好多，而且还能一口气绕操场跑完五圈。当孩子们停下脚步后，我赶紧冲到他们身边，鼓励大家："你们太厉害了，一口气跑五圈，谭老师为你们点赞！"

"跑完五圈，累不累？"我问道。

"不累不累，我们还要绕着越野跑道跑一圈呢！"一个胖嘟嘟的男孩子一边喘息一边向我说道。

"谭校长，我们的终点在那边。"另一个五年级的队员手指着操场的另一边，大声告诉我。

"预备——跑！"李慧带着小队员们又出发了。

真没想到，李慧老师带着这批小胖墩儿日复一日、风雨无阻地坚持跑，不到半年时间，就有了如此飞跃，从刚开始的跑步大喘气，到现在能跑完操场五圈再加一圈校园越野跑道。孩子们的进步离不开李老师的悉心指导！看着闪电乐跑团的背影，我默默为他们竖起了大拇指。

2022年9月24日，是崇文闪电乐跑团的高光时刻。在杭州亚运会迎来倒计时一周年之际，跑团的小队员们精彩亮相2022"奔跑吧·少年"

浙江省首届青少年体育嘉年华。在开幕式上，东京奥运会羽毛球冠军陈雨菲向参加活动的孩子们发来视频寄语："多多参加各种体育活动，不仅有助于身体健康，也有助于生长发育，还有助于集中注意力，提高学习效率！"在奥运冠军的鼓励下，"彩虹跑"活动开始，在新建的黄龙体育中心的"空中跑道"上，崇文闪电乐跑团是领跑团，他们高举着队旗，迈着矫健的步伐，跑在所有队伍的最前列，成为最引人注目的一支队伍！

队员故事多

平时在和李慧的闲聊中，我了解了很多闪电乐跑团里的小队员的故事。这些小队员，有一些我是熟悉的。

爱报数的小杨

小杨同学是二年级的时候加入闪电乐跑团的。当时在跑团队员中，数他的年纪最小。爱笑，是他最大的特点。小杨同学圆圆的脸蛋，笑起来眼睛都眯成了一条线，特招人喜欢。他在训练的时候，肯吃苦会坚持，虽然年纪小，但李慧喜欢让他来带着队员们做跑前的准备活动，在操场跑圈训练时，也时常让他来领跑。小杨同学能很好地把控跑步时的速度和节奏，让整支队伍在跑动的过程中保持队形，匀速前进。他有一个很好的习惯，每跑完一圈，都会笑眯眯地报告已跑的圈数和下一圈是第几圈。

"第三圈跑完，第四圈开始！"

有时候跑道上有积水，李慧会让乐跑团的队员们绕着足球场的边线跑10圈。5圈过后，可能连李慧都数不清跑了多少圈

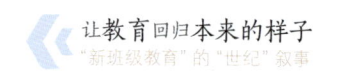

了，可小杨同学依然能够脱口而出已经跑了几圈，接下来是第几圈。

在小杨同学的身上，我看到了一个小朋友对运动的热爱和坚持。两年多以来，除了生病不能来校，其他时间都准时参加闪电乐跑团的早训，风雨无阻。这样的运动习惯会伴其一生！

"飞毛腿"小沈

小沈同学是个爱运动的男生。在闪电乐跑团的队员中，他是属于结实的类型，加入跑团时小沈同学是三年级。

小沈同学的身体素质非常棒。早训跑步时，他能超上其他队员半圈以上，以至于李慧老师不得不将跑团的队员们分成了两组，速度快的跟着小沈同学跑，速度慢的另成一组。这样一来，队员们的积极性又提高了不少。小沈同学不仅在乐跑团里跑得快，在学校的运动赛事中，也能为班级争光。在三年级、四年级时的集团田径运动会上，小沈积极参加，连续两届都报名垒球投掷项目，并且两届都获得了集团第一名的好成绩，为班级取得荣誉。

有一次早训，我看到孩子们完成了操场五圈的跑步，往越野跑道的起点走去，我也跟了上去。当我问到大家谁跑得最快时，孩子们都不约而同地把目光投向了小沈同学。这时，校田径队的队员们也在边上。

李慧老师大声说："小沈的跑步速度，可是能和田径队PK一下的！"

我也赶紧拉着小沈同学，问他："有没有信心？"

小沈同学脸上略显自信，回答道："应该可以吧！"

"那就比试一场呗！"我赶忙说。

"预备——跑！"

随着田径队胡樟春老师的一声令下，小沈同学跟着田径队的队员们，开始了绕越野跑道的比赛。

秒表上的计时指针一圈圈地走着！我和田径队胡樟春老师、闪电乐跑团的队员们在终点处焦急地等着。

"第一！"

"第二！"

"第三！"

……

随着胡老师的名次确认，田径队的队员们一个个到达终点。

"第八！"

小沈同学第八个通过终点，在他身后还有两名田径队的队员。看到小沈同学到达后，闪电乐跑团的队员们一下子沸腾起来。

"太厉害了，你比田径队的同学跑得还快！"

"太棒了，简直就是飞毛腿！"

了不起的小徐

小徐在跑团成员中，个子最高，体重也最重，现在已经是六年级，他是在四年级的时候加入闪电乐跑团的。

小徐非常刻苦。每天跑完，都是汗流浃背，衣服都能拧出水来。正因为自己的努力，小徐的训练成果最明显，四年级这一年，成功减重15斤。在学期结束的休业式上，他受学校小海燕电视台邀请，代表闪电乐跑团和全校同学分享自己的训练心得。他表示，要将训练中养成的不辞辛苦和持之以恒的好习惯，带到学习和生活中，也号召全校小海燕，唯有持之以恒才能获得成功。

可能是因为自己的体重过重，导致小徐同学右脚脚趾的甲沟炎反复发作，疼痛难忍。五年级上学期时，因为甲沟炎的缘故，小徐同学的训练也是断断续续。但只要症状有所好转，他就坚持参加训练。在五年级下学期的第三届集团田径运动会上，小徐同学自主报名参加了800米长跑项目。800米长跑，对多数孩子来说，是一个望而生怯的运动项目。它磨炼的是非凡的毅力，较量的是超常的体力，拼搏的是出类拔萃的耐力。闪电乐跑团的队员，能站在800米的赛道上就已经是赢家。

得知伙伴报名参加800米长跑比赛后，闪电乐跑团的其他队员们都敬佩不已。在接下来的早训中，李慧老师为参赛队员制订了新的训练计划，队员之间也互相鼓励，在训练中更加努力。每次训练结束，李慧老师都会为小勇士鼓劲："加油，无论结果如何，你都是最勇敢、最棒的，在闪电乐跑团中，在老师心目中，你就是第一名！"

校运会当天，参加长跑比赛的同学都十分紧张，听到裁判老师说："请参加五年级男子800米的同学到检录处检录。"李慧老师用期待的眼神看着小徐同学，说道："尽力就好，跑步中途如果不舒服的话，要马上告诉裁判老师。"比赛开始了，随着发令枪响，参加800米长跑的小勇士出发了。小徐跟着队伍，只见他迈着有力的双腿，左右摆臂，跑在后面。第二圈了，小徐同学已经满脸通红，喘着气，似乎有些腿软，速度已经明显慢了下来。

"加油……加油……"

"还有半圈，坚持到底，就是胜利！"

加油声、呐喊声，此起彼伏！

除了小徐班里的同学，还有闪电乐跑团的队员们、老师们，都在为小徐加油。最终，小徐在自己的努力坚持下，在同学们的加油声中，完成了800米的比赛。

小徐，你真了不起，你是最棒的！

闪电乐跑团带给孩子们的，不仅是增强体质，让自己的身体变得越来越强壮，更锻炼了孩子们的意志力，培养了他们面对困难不妥协、学会坚持的优秀品质。

▢ 热闹的家长群

闪电乐跑团的早训，在李慧老师的带领下，每天都如火如荼地进行着。还有一处地方，每天也是热闹非凡，那就是家长钉钉交流群。群主王校医还给交流群取了一个好听的名字——闪电乐跑家族！交流群里有王校医、团长李慧老师、各个队员的班主任，还有队员的爸爸妈妈。

在建团之初，王校医和李慧老师就组织全体家长进行了线下面对面交流会。在交流会上，李慧和全体家长说明了组建闪电乐跑团的目的和意义，还和家长交流了在家如何帮助孩子进行体育锻炼。王校医和爸爸

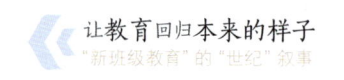

妈妈交流了导致孩子胖起来的原因，就是碳水化合物摄入太多，并指导家长在家里如何给孩子提供更加健康、营养均衡的餐食，还指导爸爸妈妈如何协助孩子每日记录体重，制作折线统计图。

王校医指出，孩子每餐的食物的组成，应该是按照1/4的蛋白质、1/4的主食、1/2的蔬菜这样的比例搭配，而主食的量，只需要给孩子拳头大小就可以了。有了专业营养师的助力，爸爸妈妈在为孩子准备早餐、晚餐时，就更加有操作性了。每天的菜品搭配，妈妈们都会拍照上传到钉钉群，互相交流。

"王校医，这是我家准备的晚餐，一块牛排，一些西蓝花，几颗虾仁，还有一小份米饭。王校医，你看这样可以吗？"

"很丰富，营养搭配也很合理！一个小建议，西蓝花可以再多一些，米饭可以稍微少一点儿。"看了妈妈上传的照片，王校医会给出自己的建议。

"王校医，我们今天准备了一块鸡胸肉，番茄炒蛋，还有一份藜麦。"

"小周妈妈，这些菜品搭配丰富，可以增加一份水果。"王校医细致点评。

"王校医，今晚我们家要外出聚餐，但又不想让孩子破坏刚刚养成的用餐习惯，这可怎么办呀？"有时候，妈妈们也会遇到困难，她们也会把困难提交给王校医。

"没关系，外出用餐，你可以告诉孩子，不喝碳酸饮料，少喝糖分高的饮料。不要吃重油的、油炸的食物。淀粉含量高的食物，也尽量少吃。高蛋白的、海鲜类的，可以多吃一点儿。当然，绿叶蔬菜、水果，也可以多吃。"面对妈妈们提出的问题，王校医也会用自己的专业知识，及时解答。

爸爸妈妈在闪电乐跑家族的钉钉交流群中互相交流每日的用餐菜品搭配，还会每周上传孩子记录的体重变化记录表。

闪电乐跑团还聘请了国内著名营养专家、浙江省人民医院质管办主任、国家卫生健康委医院管理研究所特聘专家张勤教授作为健康顾问。张教授指导家长，要重视孩子的体重管理，从关注体重开始，养成健康的生活方式，提高小孩自控性，由此提升小孩的学习能力和管理自己的能力。张教授还手把手地教家长如何协助孩子记录体重，他指出，每天要定时、定服装称体重，还要准备一张A3大小的纸，画好坐标系，横轴表示日期，纵轴表示体重。把每日的体重，在坐标系上标上点，并连成线，观察体重的变化。

有了专家的加持，爸爸妈妈们在帮助孩子们进行体重管理时，就有了方向。一周后，钉钉交流群里就陆陆续续收到了队员们的体重变化记录表，有的是波浪形的，有的是先扬后抑的，更多的是缓慢下降的。虽然队员们的文字、图标很稚嫩，但是能从稚嫩的图标中看得出孩子们持之以恒的优秀品质、自我管理的能力。张教授在看了队员们的体重变化记录表后，也给予了大大的肯定，并给全体队员、爸爸妈妈和老师提出了建议：要定期分析孩子体重变化的原因，制定每个人的体重目标。张教授还提出，要做到尽量不减肥，只是保持和控制体重，因为孩子们正处在身体发育的关键期，一味地减肥并不可取，等身高增长后，降低BMI指数，才是我们的最终目标。

张教授的鼓励，给了闪电乐跑团的全体队员、爸爸妈妈和老师一针强心剂，队员们更加坚定自己的决心：闪电乐跑团一定会不停跑，养成运动好习惯。

健康第一，看闪电乐跑团跑出健康未来！

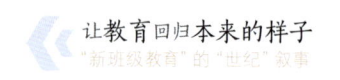

故事15

我与大师面对面

美育是"五育并举"的重要组成部分，是立德树人、促进学生全面发展的重要途径之一。2020年10月，中共中央办公厅、国务院办公厅印发《关于全面加强和改进新时代学校美育工作的意见》，我国对中小学美育工作的重视程度达到历史新高度。

叶圣陶先生论美育，认为其是最基础的人生观教育。俞国娣校长也坚持，新时代的美育工作，并不仅是唱唱歌、跳跳舞、画画画，而是通过美的熏陶和弘扬中华美育精神，提高学生审美和人文素养。社会不需要所有人都从事艺术行业，但未来需要的人才一定具有审美品位和创新精神。

崇文世纪城延续崇文书院400多年的历史文脉和文化积淀，崇尚以文化人，以美育人。学校开办的第一年，就开设了"崇文美术馆"。此后三年里，彭德中国画工作室、崇文馆先后设立，邀请了众多艺术名家走进校园，不遗余力地为孩子们营造艺术学习氛围，创造艺术学习机会。

▢ 翰墨飘香，国粹传承

"少年智则国智，少年富则国富，少年强则国强，少年独立则国独立，少年自由则国自由……"一阵又一阵铿锵有力、饱含激情的声音响彻崇文世纪城实验学校的上空。这是2018年10月9日晚，崇文世纪城师

戴家妙教授书写《少年中国说》

生与书法名家戴家妙教授共同创作《少年中国说》的场景。

　　一撇一捺、一钩一点、一转一折……一边是名家的行云流水，一边是师生们现场展示，在1500平方米的体育馆内，现场气氛浓郁，墨香四溢。戴家妙教授挥笔不停，两旁的师生屏气凝神，兴趣盎然，形成了一幅感人的画面。历时近一个半小时，戴家妙教授和师生代表一起共同创作完成巨幅作品《少年中国说》。最后，戴家妙教授大笔挥毫，为此次活动题字"少年中国说"，将整场活动推向了高潮。戴教授告诉世纪海燕："汉字是中华民族之魂，书法最能体现汉字之优美。它不是诗却有诗的韵味，它不是画却有画的美感，它不是舞却有舞的节奏，它不是歌却有歌的旋律。"他勉励孩子们，写好方方正正中国字，做好堂堂正正中国人。

　　如今，装裱后的巨幅大作《少年中国说》悬挂在世纪崇文的主题墙上，"少年中国说"成为学校一张特有的名片。

▫ 篆印崇文，尚学养人

　　2019年4月17日下午，崇文美术馆开馆。开馆仪式上，我们很荣幸地邀请到了原中国美术学院的肖峰院长、崇文小海燕的老朋友戴家妙教

戴家妙教授向崇文美术馆捐赠"崇文"印章

授为崇文美术馆揭牌，同时戴家妙教授的篆刻作品展也在当天如期举行。

小学里设立美术馆的，有，大多是师生书画作品的展示。但在一所小学设立一个以现当代书画名家真迹为主要展品的美术馆的，世纪崇文是独一家。崇文美术馆从一个构想到落地建成，俞国娣校长为之倾尽全力。其间，也有一些不同的声音，认为在小学里搞如此规模的美术馆，小题大做了。而俞校长坚持，美育没有什么大小之分，越是小越要给孩子们最纯正的美的熏陶，根植中华优秀传统文化的深厚土壤，让文化自信丰富校园环境，让文化自信在崇文校园绚丽绽放。

崇文美术馆揭牌仪式上，肖峰先生为崇文美术馆开馆致辞，他用自己的成长故事来勉励崇文师生，勉励他们在如今的幸福生活中，更要坚持对美的追求，用自己的努力与坚持，创造属于自己的美好生活。

其后，戴家妙教授也跟大家分享了他的成长故事。戴老师出生在淳朴的农民家庭，小时候就十分喜爱读书，常常跑到邻居家借阅经典名著，因此奠定了良好的国学基础。初中的时候，他曾获得全国钢笔字比赛一等奖，毕业后按照母亲的意愿，读了中药专业，但在闲暇时间都会投入书法练习中,终于在30岁的时候"弃医从文",重拾年少理想。小海燕听了戴老师的故事后都深受启发,纷纷举手和戴老师分享自己喜欢的书籍和成长故事,也为自己现在拥有的良好条件感到幸运。

听完了故事,戴老师讲授欣赏篆刻艺术的方法,并和师生一起走进崭新的崇文美术馆参观他的作品展。展出的作品有"恨不十年读书""最是书香能袭人""至乐莫如读书"等,大都与读书有关。孩子们努力尝试读出印章上面的字,每有会意,便会露出天真的笑容,小声地告诉旁边的小伙伴自己的发现。在展出的作品中,最引人注目的是戴家妙先生赠予崇文的一枚方印,其刻有"崇文"二字,一取崇文校名之意,二显崇文校训之美,即"崇文尚德"。每一个小巧的篆刻艺术品都有相应的印文解析,每一方小小的篆印都彰显着中国传统文化的博大精深。

此后,世纪海燕在崇文美术馆遇见了许多大师,沉浸式欣赏了他们的很多作品。有画家何水法、吴静初、郭超英、彭德、池长庆、叶芃、田振玉,书法家江吟、宋涛、黄寿耀、夏一鹏等。世纪海燕还很幸运地和中国美术学院教授卓鹤君老师、祝遂之老师、刘正老师、沈浩老师、毕斐老师一起交流学习,随杭绣大师陈水琴、金家虹学习刺绣,与陶艺大师卢伟孙先生面对面感受土与火的艺术。

桃李春风,崇文雅集

崇文世纪城每一年的艺术节,都可谓是艺术大家云集的盛会。2020年10月15日,崇文美术馆高朋满座,中国美术学院教授马其宽、徐家昌,杭州师范大学美术学院党委书记徐凌芸、教授孔耘,浙江省美术书法教研员冷莹等共同出席了杭州市崇文世纪城实验学校第三届小海燕艺

著名艺术家彭德先生向学校捐赠画作

中国美术学院教授马其宽、徐家昌,杭州师范大学美术学院教授孔耘指导崇文小海燕

术节系列活动之"桃李春风,崇文雅集"彭德中国画工作室启动仪式暨中国画作品汇报展和名家书画雅集活动。

活动现场,彭德老师将此次展出的60幅作品捐赠给崇文美术馆,用于充实崇文美术馆的馆藏以及作为中国画工作室日常教学研究之用。这60幅珍贵的作品真实地记录了画家师法自然,积极进行笔墨探索的轨迹,捐赠之前一直珍藏在画家身边。彭德老师说:"将这批自己多年写生与教学示范作品展示出来,并让这些富有生活气息的画作与崇文小海燕们朝夕相处,可以启发小海燕们去探究自然花草树木的生命之美。陪伴下一代艺术新苗的成长,也许是这批画作最好的归宿。"彭老师朴实无华的言语和崇文"弘扬优秀文化传统,坚定文化自信，继承中国画学"的使命初心不谋而合。

参观完彭德老师的作品展，崇文小海燕们还有幸和嘉宾导师一起舞动笔墨，传习中国画创作技艺。大师们来到孩子们身旁，时而微微颔首，时而轻声指点，时而亲自示范，整个崇文美术馆墨香四溢。小海燕们创作的一幅幅国画在大师的指导下更显灵动飘逸、气韵饱满。

彭德中国画工作室的成立，标志着"崇文艺舫"正式起航。以弘扬"崇文舫课"的教育精神为宗旨，让崇文学子可以在传统"书斋""画斋"文化的熏陶浸润下，在中华传统优秀文化伟大复兴的风云际会中，寻找到成为时代弄潮儿的力量源泉。

美育心灵，艺润童年

2021年10月14日，全体崇文人迎来了又一个美育新高地——崇文馆的开馆仪式。这里将成为崇文小海燕亲密接触高雅艺术、传承中华优秀传统文化的圣地。

当天，学校特邀在艺术界鼎鼎有名的卓鹤君老师、祝遂之老师等10余位大师参与活动，一起见证崇文馆的开馆。

卓鹤君、祝遂之等艺术名家成为崇文馆的艺术顾问，助力崇文小海燕成就艺术之梦

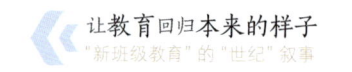

俞国娣校长致欢迎词，她说，学校开办崇文馆，希望全体崇文小海燕能够在日常的观展学习中，近距离接触艺术大师的作品，从而获得美的启迪。

中国美术学院党委副书记、教授、博士生导师刘正先生致辞。他说，置身崇文校园，艺术气息扑面而来。他感谢学校的盛情邀请，希望崇文馆带给同学们艺术的享受，也倡导同学们积极弘扬和传承中华优秀传统艺术，做好时代接班人。

中国美术学院博士柏建斌先生向崇文馆捐赠作品《天生三桥》，并深情讲述该作品的创作故事。这幅宽4.35米、高2.5米的大型作品历时三年创作完成，它体现了一位艺术家对美的不懈追求，对创作的持之以恒，更包含了浓浓的师生情谊。柏先生希望，该作品能够启发崇文小海燕对于美的追求，对心中所爱的坚持。

这一天，学校的陶艺老师杨指月有了一个新身份——崇文馆馆长。杨老师是中国美院陶艺系的科班硕士，对崇文馆内陈列的国内名人名家创作的书画、瓷器、陶器、根雕、茶器、花艺等工艺作品件件如数家珍，对馆内展陈的崇文校史更是烂熟于胸。她认为，这里的每一幅书画、每一件工艺品、每一个物件都在向孩子们讲述着匠人匠心和美的传承，小海燕们在这里亲密接触艺术名品，体验中西方美育文化的精妙，感受校史的厚实积淀，就是最好的美的熏陶，将塑造美好心灵，增强文化自信，争做传承中华优秀传统文化的时代新人。

馆内一件名为《舟》的陶艺作品，吸引了很多孩子的注意。杨老师告诉孩子们："这是陶艺大师卢伟孙的作品，卢大师是杨老师的老师呢！"孩子们纷纷表示，期待和卢老师面对面，跟老师的老师学习陶艺。

杨老师把孩子们的心声反馈给我，我表示大力支持，有机会一定要帮孩子们圆梦。终于，2022年3月，卢老师来到了崇文馆。孩子们早早备好自己的得意作品，迫不及待地在现场和大师聊起关于陶艺的那些事。四（2）班赵思墨同学向卢老师介绍了个人作品《月季》。五（4）班毛以诺为大家带来作品《牡丹》。卢老师一一点评，并在现场为孩子们带来了一节别开生面的陶艺定制课。揉泥、拉坯、定型……卢老师为大家示范拉坯动作，向大家强调"心手合一"的创作要领。2022年8月，当孩子们得知卢老师获评中国工艺美术大师时，欣喜万分，商量着一起给卢老师写了一封信，表达了祝贺，也希望卢老师可以再来崇文。恰逢学校艺术节开幕，卢伟孙大师在小粉丝的热邀下如约而至，和孩子们再次以作品会友。更令孩子们欣喜的是，他们的作品还与卢大师的作品一起在崇文美术馆展览，向党的二十大献礼。

艺术润泽童年，文化滋养心灵。"一个人崇尚美，追求美，精神底子就不会差，美与德就像一对孪生姐妹，滋养孩子们的健康成长。"俞校长如是说。执美育之炬，可照人生之路；扬美育之帆，可助人生前行。

故事16

希望的田野

2020年3月,中共中央、国务院印发《关于全面加强新时代大中小学劳动教育的意见》,强调劳动教育是中国特色社会主义教育制度的重要内容,要把劳动教育纳入人才培养全过程;7月,教育部印发《大中小学劳动教育指导纲要(试行)》,明确劳动教育是什么、教什么、怎么教等问题,着重把新时代大中小学劳动教育落到实处。

"劳力劳心,亦知亦行。"劳动是生命的底色,崇文世纪城在规划之时,就为世纪海燕创设了一方劳心劳力的沃土。崇文世纪城2000平方米的屋顶农场,是师生四季耕耘、享受播种与收获之乐的"希望的田野"。

这片田野里烙下了数不清的脚印,洒下了数不清的汗水,收获了数不清的硕果,更铭记了数不清的故事。

懒惰爸爸,勤劳爸爸

2022年9月,是学校家庭亲子农场第五次公开招募小小农场主。学校专门在世纪讲坛设置了竞演舞台,鼓励有兴趣的学生前来演讲,争取在钱江世纪城CBD板块,拥有一块自留地。

多名由班级推荐上来的竞选者轮番上阵。"我希望在这片土地上种上美丽的花,一年四季都芬芳扑鼻。""如果我成功当选小小农场主,我将坚持每周都来劳作，让自己变得更能干。""我们家都很喜欢吃有机蔬菜，因为它健康无污染，所以我们想尝试自己也种一下蔬菜。"孩子们的竞选词都源自他们对生活的思考，对劳动的热爱，唯独有一个孩子不一样，她是来自三（5）班的小Y。

"各位评委大家好，我是来自三（5）班的小Y。今天我来竞选小小农场主的理由是，我有一个懒惰的爸爸。"台下哄堂大笑，纷纷把目光投向坐在台下的女孩爸爸。"他每天下班后从不干家务活。烧饭、洗衣服、拖地都是妈妈和奶奶做的。我觉得他很懒惰，不能成为我的榜样。直到有一天，爸爸带我回农村老家，看到他走到田间地头，熟练地拿起锄头，有力地挥舞镰刀，协调地挑起扁担的时候，我才醒悟，原来我的爸爸也可以很勤劳，只不过他擅长的劳动领域不是家务劳动，而是生产劳动。就像他可以一动不动坐在电脑前画一幅设计图，从早到晚都不觉得累，但是洗了一次碗就觉得腰酸背痛一样，人总要做自己擅长的事情。我希望每周都能跟着爸爸一起在田野间劳动，品尝勤劳爸爸种出的瓜果蔬菜。我也相信，当妈妈用爸爸种的青菜下厨时，一定再也不会说爸爸懒惰啦。"

小Y风趣幽默的演说词，获得了在场评委和观众的热烈掌声，也让她顺利成为家庭农场21号土地的小小农场主。在颁发证书时，小Y抑制不住兴奋，朝台下的爸爸频频挥手，那感觉像是有心的孩子为最爱的爸爸准备了一件世界上最好的礼物。

在之后的一年里，小Y一家是家庭农场出勤率最高的家庭之一。无论刮风下雨，酷暑严寒，每周六的8:30，一家三口总是准时出现在21号地，并且有序地分工合作着。

爸爸戴着手套，每次负责干田野中强度最大的体力活，比如把收成好的植物连根除掉，用钉耙翻土，最后把地理平整。有时候，田里出现了大青虫、毛毛虫之类的害虫时，小Y和妈妈就会尖叫着跑到爸爸的身后。这时候，小Y爸爸就化身勇士，徒手灭虫，或者捉到矿泉水瓶里，让小Y观察。"关键时候还是得靠爸爸。"小Y看着瓶子里的战利品，喃喃道。

小Y则在爸爸的指导下，有章法地在一垄垄地上播撒种子，用剪刀采摘瓜果，小心翼翼地摆放在爸爸专门购买的一个竹筐里。一年下来，这些农活在小Y手里变得娴熟。

而妈妈就负责她最擅长的洗净工作。蔬菜瓜果洗净尘土后，这些通过辛勤劳动获得的美味显得特别诱人。有时候，妈妈会立即把刚洗干净的小番茄和黄瓜与家人分享，顾不上小Y和爸爸还满手尘土，就忍不住把果实塞到他们的口中。这样其乐融融的场景，在朝霞的映衬下，留给人幸福的感觉。

一次与小Y爸爸交谈，他十分感谢家庭农场的活动，因为像这样特殊的亲子时光体验，扭转了他在孩子心目中的形象，从一位"懒惰爸爸"华丽转身为"勤劳爸爸"。周六的晚餐，肯定有一道菜的食材出自21号地，出自爸爸勤劳的双手，出自小Y一家人的精诚合作。每每这时，小Y总会边邀请家里的爷爷奶奶品尝，边吆喝："这是我爸爸种的，是不是特别好吃？"家人的肯定，女儿竖起的大拇指，也让这位爸爸愿意把休息时间全花在琢磨"下一季在21号地种些什么"诸如此类的问题上。

小Y爸爸也深感家庭农场带给他的教育意义——人要做自己擅长的事情。与其在家中低效低质地做烦琐的家务，他更愿意在家庭农场中施展拳脚，因为这才是他最擅长的劳动。这样的经历使得他不再逼迫小Y

刷奥数，学钢琴。"明明知道这是她不擅长的，为什么还要强迫她去做？为什么不扬长避短，让她找到自己的出彩点？"所以，渐渐地，小Y有了更多的时间画画，有了更多和家人在一起的幸福时光。

□ 不吃萝卜的难题

"今天食堂怎么又吃萝卜？"看到餐盘里的萝卜，让小C一天的好心情一扫而光。"萝卜绝对是世界上最难吃的蔬菜，没有之一。"小C一边跟同桌抱怨着，一边尝试模仿动画片里的样子，用大拇指和食指捏住鼻子，以便把萝卜独有的药味儿阻挡在鼻腔外面，然后迅速往嘴里送进了一小块萝卜。在他看来，萝卜的这股子药味儿是无论怎么烹饪都遮掩不掉的，甚至越是刻意加工，味道越是浓郁。但是，小C还是没能抵抗内心对萝卜的抵触，他起身快步走到泔水桶前，把萝卜吐了进去。

今年五年级的小C固然懂得"冬吃萝卜，夏吃姜"的好处，他也曾经做出过努力。每当学校食堂的大厨换一种萝卜的烹饪方法时，他都愿意进行尝试，来解决他不吃萝卜的难题。但是今年已经是第五年了，无论是煮汤、清炒、糖醋都没办法解决这道难题，俨然已经成了顽疾。

小C的班主任，五（1）班的Z老师是一位食育专家，面对小C多年未解的吃萝卜难题，Z老师觉得还是应该用食育的策略来解决。

3月，进入新学期的春种时节，Z老师利用circle time时间带着学生一起讨论如何合理种植班级农场。"我们用15分钟时间来统计一下大家最喜欢吃的蔬菜，最后再确定。"Z老师给了大家一个决策方向。不出Z老师所料，最终统计结果是"萝卜是班上学生最不喜欢吃的蔬菜"，只有3名学生选了萝卜。看来不吃萝卜不仅是小C的难题，也是全班的通病。那是不是可以借助阳光农场这块劳动阵地，来解决这个难题呢？Z

老师灵机一动，宣布了3月种植蔬菜的最终结果，一半地种学生最爱的菠菜，另一半地就种他们最爱不起来的萝卜。

"为什么啊？"听到结果，小C叫出声来，"不是应该全部种菠菜吗？萝卜的票数那么低，为什么还要种呢？"Z老师笑着解释道："这次调查也暴露出你们挑食的毛病。从饮食均衡上来考虑，多吃萝卜对身体是有很大的好处的，这些你们都明白。所以这次，我们不妨自己尝试种一下萝卜，在辛勤的劳动中，萌生对这种蔬菜的特殊情感，说不定你自己亲手种出来的萝卜，就是比菜场里的好吃呢？"带着半信半疑的心理，五（1）班的孩子们在地里撒下了萝卜种子。

"Z老师，你看，萝卜发芽啦！"Z老师认真欣赏着学生递给她的植物生长笔记。用绿色彩铅勾勒出的细致笔触，恰到好处地诠释了萝卜刚发芽时的娇嫩感，朦朦胧胧，惹人怜爱。学生还结合科学课上学到的关于植物的知识，用黑色水笔工整地标出萝卜嫩芽的各个部位名称，根茎叶一目了然，整篇笔记观赏性极佳，丝毫不亚于植物百科全书上的插图。

"但是黄爷爷说了，我们撒的种子太密集了，不适合萝卜生长，所以要赶紧移植才行。""黄爷爷还说了，要在傍晚移植，中午太阳太晒，会伤到萝卜根系的。""Z老师，我怕移植之后，有一些萝卜苗就没地方可以种了，扔掉太可惜了，我可以拿回家种吗？"学生七嘴八舌地向Z老师述说着黄爷爷的嘱咐。这位在孩子们心中地位甚高的老人，双手布满了从小干农活留下的老茧，即使年近七旬，在学生上课期间独自料理2000多平方米的阳光农场简直易如反掌。

"好的，那么今天放学前，我们全班一起去移植萝卜嫩芽。多余的嫩芽，就作为你们的劳动奖励，今天带回家种！"Z老师一宣布完，五

（1）班的孩子们就发出雷鸣般的欢呼，小C也在其中。"只是一株小嫩芽，就让这帮孩子转变了对萝卜的态度，看来他们对种植是真的有兴趣。不知道，等萝卜做成了菜，他们会主动把萝卜送进口吗？"Z老师看着小C，心里犯起了嘀咕。

终于，萝卜成长记录的最后一页完成了。画面中，土层上是萝卜叶，叶脉清晰，叶片饱满，绿绿油油。土层下是萝卜呈扁圆形的根系，上大下小，上红下白，底部周围还长出了一簇簇须根。本着解决"不吃萝卜"难题的初衷，五（1）班的孩子搜集了网络上关于"舌尖上的萝卜"的菜谱，一一记录在页面上。"萝卜叶，冷水焯去苦味，佐以虾皮清炒，清热去火。""仔排冷水下锅去血水，捞出放至砂锅内，萝卜切块，一起炖煮40分钟即可。"五（1）班将萝卜成长记录和烹饪方法集结成一本精致的小册子，为萝卜的收获日增添了一份仪式感。

3个多月的种植经历，让五（1）班的学生每人都收获了3个萝卜，一手可握的大小，让大家爱不释手，忙不迭地洗净后在手里把玩。

"这萝卜是甜的！"一声高呼，带着意外和惊喜，引起了大家的注意。

"你竟然吃生萝卜啊？"一旁的同学看到小C手里缺了一口的萝卜，觉得十分好笑。

"我宣布，什么烧汤和清炒的萝卜都不好吃，萝卜最好吃的方法就是生吃！今天晚上，我要做一个醋腌生萝卜，成功的话明天来跟大家分享。"小C的重大发现，也引起了同学们用萝卜下厨的兴趣。当天晚上，班级钉钉群里晒菜谱、晒成品的信息一条接着一条，3个萝卜，走进了30户家庭，成了当晚餐桌上的一道硬菜。

看到学生对烹饪萝卜有那么高的积极性，Z老师把第二天的劳动课

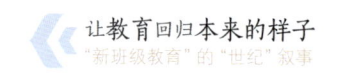

内容调整为做"油墩儿",也就是萝卜丝饼。五(1)班的孩子们在阳光农场边的劳动教室内戴好厨师帽,穿上围裙,煞有介事地开始了洗厨具、切萝卜丝等准备工作。

"第一步,在勺子底部浇上一层面粉糊。"Z老师边指导边示范。

"你的面粉糊放太多了,倒掉一些。""够了够了,不要再放了。""Z老师,我们做完了。"孩子们七嘴八舌地讨论着,仿佛深谙厨房之道,但其实仍是新手上路。

"第二步,把调好味的萝卜丝铺在上面,然后把面粉糊均匀浇在上面,盖住萝卜丝。"

"Z老师,我们做好了,可以下油锅了吗?"

"可以的,注意不要烫到手了。因为刚下锅时,可能会溅出油来,所以要一点点放下去哟。"

直到今天,Z老师还记得孩子们在那段时间里对萝卜由抵触到接受,最后变得眷恋的过程。她还记得孩子们把成品油墩儿搭配着小C亲手制作的醋腌萝卜送进口时,一口酥香,一口脆爽,大快朵颐,仿佛品尝的是一道人间佳肴。这时候,哪里还有什么"不吃萝卜"的难题呢?

果然,没有什么难题是阳光农场解决不了的。

田野守望者

大王老师是拥有30多年教学经验的科学老师,在其即将迈入教学的第31个年头时,和2000平方米阳光农场有了不解之缘——和四位年轻的科学老师一起,成了这片田野的守望者。

一开始,四位年轻老师对于农事什么都不懂,不仅不会下地翻土,连基本的农作物的特征都超出了他们的学科知识范围。于是,从小在田野间长大的大王老师，就成了他们口中的"师父"。

一开始，他们每天中午都在阳光农场集合，巡视每个班级的农场，讨论如何指导学生进行下一步劳作。"大王老师，这个番薯是不是僵苗了？""大王老师，黄瓜是不是该摘了，不然会不会太老？""大王老师，5月种什么菜比较适合？"他们时而用手摸摸田野中土壤的湿度，时而走进地里检查作物的生长状态，时而讨论如何将阳光农场的种植课程与科学课紧密联系起来。

渐渐地，通过相互取经和团队讨论，大王老师把自己早已刻入骨子里的农事经验向年轻的科学老师倾囊相授，让他们在短时间内个个成为农事的专家，都能在指导学生开展农场科学种植方面独当一面。至此，田野守望者团队依然没有停止学习的步伐。在钉钉群里，时不时会有老师把别的学校农事课程的优秀做法发上来，把了解到的优质土壤基质和高产复合肥在群里推广。学校开辟这片田野的目的并不是让每个人返璞归真，重返原始的农耕社会，而是借助现代化信息化的手段，让低效艰辛的农活变得易如反掌。

看到他们的成长，我坚信，在团队的共同进步中，阳光农场也会变得更加繁荣。

2018年10月，阳光农场招募了第一批家庭农场的小小农场主。当学生在农场协议上盖手印时，这支田野守望者团队也有了新的使命——周六值日，为家庭农场做好指导。于是，每个周六的上午，他们的生活与阳光农场紧密相系在一起。

清晨的朝阳里，看到有家庭忘带劳动工具，田野守望者第一时间为他们提供必要的耙子、铲子、水壶等；看到有妈妈不知道如何准确运用劳动工具，田野守望者就拿起工具为她亲身示范；看到有爸爸违反了作物的播种时令，田野守望者就拿出科学教师的专业知识与之解释；看到有爷爷奶奶全程包办代替，不舍得让孩子干脏活累活，田野守望者就出面劝导老人，鼓励孩子积极主动参与劳动。每周六上午的3个小时里，田野守望者是阳光农场的维护者，是劳动教育的指导者，是科学种植的科普者，是立德树人的落实者。

感谢田野守望者！这片希望的田野开辟了世纪崇文劳动教育的样态，也让我改变对科学教育的固有认知。在这样一片"科学+劳动"的教育试验田里，老师们把自己的专业知识，自己的教育热情传递给更多的学生家庭，让科学教育和劳动教育双丰收。

故事17

"新班级教师"和她的班级进阶

"新班级教育"的老师自称"新班级教师",陈翟老师就是其中一员。这个"新班级教师"并不好当,首先,她需要学会看见每一个孩子的需要。

2018年6月,陈老师来到崇文面试,那是她向往的一所学校,因为它的好名声,也因为她非常敬仰的朱乐平老师在这里有工作室。第一次走进近江的崇文实验学校,给她印象最深的是一张张陌生的笑脸,不管是老师还是阿姨,都让人感觉这么亲切。她心想,和他们在一起工作应该会很愉快吧。面试过程中听说崇文的学生叫"崇文海燕"时,她不禁觉得好有缘分,因为她的小名就叫"海燕",冥冥中好像注定了崇文就是她最后的归宿,大海燕最终要回家带着小海燕们飞翔。

2018年7月,面试通过的她,在而立之年辞去了金华公办学校的工作,告别了培养她18年、留下了她所有青春的学校,脱编来到了杭州。

这一年两个月的暑假注定不一样,全校老师都没有休息,陈老师也一样。白天她参加学校组织的各种培训,晚上睡在宾馆(学校宿舍在改造)。通过学习,她了解了学校现状,熟悉了学校理念,学习了各种专业知识,一个假期笔记做了好几本。五年过去了,家搬了两次,这些笔记,她从没舍得扔。这个暑假她还到崇文世纪城和老师们一起布置了圆形图书馆,新校区的大、新、漂亮给她留下了美好的印象。也正是因

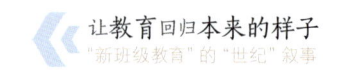

为这样的好感，2019年在老师双向选择的时候，她选择了崇文世纪城，2019年8月她成为崇文世纪城的一名老师。

▫ 小L：重新建立支持系统

到了崇文世纪城，陈老师接手了当时五年级唯一的一个班级。这是一个极为棘手的班级，在四年级的时候由慕名而来的30名转学生组成，每个孩子个性张扬，习惯迥异。她还没见到孩子们，就听到了很多关于他们四年级时的"丰功伟绩"。特别是班里的小L，在和前任班主任交接时，她了解到这个孩子迷恋网络游戏，缺乏规则意识，有厌学倾向：他上课随意大声插嘴，故意顶嘴惹老师生气，引同学发笑；一下课就蹿出教室，到处找人聊网络游戏；老师一布置作业，他就愤怒不堪，一做作业就趴在桌上大声抱怨，勉强写几个字也是东倒西歪，无法辨认；老师对他批评教育，他立刻就发脾气，控制不住情绪。

听了这个班的一些事迹后，陈老师倒吸了一口冷气，看来接下来要啃的是块硬骨头。按学校要求，新接班班主任需要对全班学生进行一轮普访，暑假，陈老师怀着忐忑的心情和两位任课老师一起去小L家家访。进了门却不见小L同学，小L爸爸一边请老师进去，一边叫小L，叫了好多声也没有回应，最后终于在床底下找到躲着的小L。交流过程中，小L同学不停地扭来扭去，时不时要站起来一下，言语中表达了对爸爸妈妈控制他玩游戏的不满，表示长大以后要当打游戏高手、游戏解说员，讲了众多游戏对他而言的重要性，还义正词严地跟大家说："我现在就觉得玩游戏是最有意义和乐趣的事情，你们大人说学习要从小认真学才能学好，所以玩游戏也要从小认真玩，才能有出息。"

小L同学为什么会这么迷恋游戏，这么缺乏规则意识呢？

通过多方了解，陈老师终于知道了小L更多的经历，理解他行为背后的一些原因：1.从小跟妈妈分居两地，内心缺乏安全感，突然得知父母已离婚两年，有被欺骗之感，又担心父母离婚后，自己成了负担，家庭这一支柱坍塌了；2.父母为他转了学，告别了熟悉的老师和伙伴，来到一个完全陌生的学习环境，短时间内找不到新伙伴，同伴的支柱也坍塌了；3.由于教材不同，他本来引以为傲的数学、英语也遇到了困难，短时间内无法逾越，学业的支柱也坍塌了。这样的他极度缺乏安全感，随即启动内心的防御机制，用过激的行为保护自己，引起大家关注。同时，父母出于补偿心理，到任何一方家里时，孩子提出的物质（买游戏装备）、精神（玩网游）需要等都无条件满足，对孩子的言谈举止也不做任何约束，甚至周末可以从早到晚玩网络游戏，每天回家也想玩就玩，没有任何约束。小L可以肆意在虚拟网络世界里厮杀，满足自我。

怎么帮助小L，如何帮他重新建立支持系统呢？陈老师心里明白，这个孩子如果不搞定，接下来两年班级会带得很辛苦，而且整个班级的进步会受影响。

开学第一天，陈老师第一次和全班同学见面，小L同学坐得很端正，陈老师当着大家的面说："陈老师第一眼看到小L同学就觉得他是一个很聪明的人，相信通过努力以后会越来越好。"这话一出，就听到小A同学说："小L，你可不要打陈老师脸哟。"不信任、讽刺的语言很刺耳地钻进陈老师的耳朵里，她看了看小A同学，镇定地说："不会的，你看着吧。"在这之后，不管小L同学做得好还是不好，陈老师心中始终坚定地认为他能进步，聪明的小L也感受到了老师的信任和对他的重视。

通过努力得到小L信任的陈老师并没有停下脚步，她开始跟进对小

L同学学业上的帮助。小L同学因为上课不专心，又怕做作业，功课很差。平时上课时陈老师时不时让他发言，及时表扬他好的地方，让他相信自己是能学好的。作业上有困难及时辅导，做到"日日清""及时补"。用实际行动支持他的学业，慢慢树立他对学习的兴趣和信心，在学习中找到成就感，从而避免他到游戏中寻求成就感。慢慢地，原来那个一听到作业就蔫毛的小L，变成追着问作业是什么的男孩；那个一上课就瘫倒在椅子上的小L，成了上课时常用闪着光的眼睛追随老师的专注男孩。

学校里，小L在慢慢进步中。陈老师知道小L同学的父母，特别是妈妈由于离婚的原因，自己的情绪也受到极大的影响，时不时会在儿子面前流露出来，她自己也很烦恼，不知道怎么调整自己，教育孩子。陈老师向她推荐了学校的"家长沙龙"活动。在家长沙龙中有专家引领，有家长互助，也有老师一对一答疑解惑。同时老师们也会及时告知小L取得的点滴进步，放大表扬，把坚信小L同学能进步的信念传递给家长，孩子的进步安抚了妈妈焦虑的情绪。小L妈妈的情绪慢慢稳定，也更豁达自信，在儿子的教育上能更好地做到"温柔而坚定"，与老师的配合也更加默契。家校合力，小L的进步才能持久。

除了常规沟通外，根据实际情况，陈老师也会定制一些特别的沟通机会。比如，疫情防控期间，由于小L同学对电子产品的低抵抗力和家长的家庭管理不得法，导致小L学习成绩直线下滑，因此陈老师定制了和小L一家的线上家长会。晚7点，4人进入网上会议室，从中外疫情聊到国内疫情得以控制的原因，从最敬佩或欣赏的人聊到自己想成为怎样的人，最后一起分析亟须改进的地方，制定了本学期目标，明确了孩子、家长的职责。定制家长会为小L顺利复课打下了坚实基础。

两年过去了，小L周末偶尔会打上几回游戏，但绝不会沉溺其中了；上课偶尔也会插科打诨，但绝不会故意顶嘴制造混乱了；作业算不上端正漂亮，但他会在意作业的成绩了；日常偶尔也会调皮捣蛋，但说话做事显得彬彬有礼了；因为进步大，表现优秀还被选上了班委。陈老师通过静心观察、多方沟通，追根溯源，及时找到了支持之道。

马克思说："教育绝非单纯的知识传递，教育之为教育，正是在于它是一种人格心灵的唤醒，这是教育的核心所在。"是的，教育就是一棵树摇动另一棵树，一朵云推动另一朵云，一个灵魂唤醒另一个灵魂。

小B：无处发泄的情绪

在这个班里，除了小L，还有很多有个性的孩子，小B就是其中之一。

某个周五晚上9点半，小A给陈老师发来一则信息和一段群对话文字视频。原来，当天傍晚小B建了一个微信群，名为"扒我们的神经病"。小B用侮辱性语言责骂群里的小C同学，同时也责骂了小A。陈老师仔细阅读文字截屏后惊讶不已，平时温柔可爱的小B居然用带有明显侮辱性、粗俗不堪的语言公开谩骂两名同学。更让她震惊的是群内已有班级14名同学，居然还有班长和好几名班干部。这些孩子不但没有指出小B的问题，还有人煽风点火、推波助澜。

陈老师意识到事情的严重性，内心十分焦灼，既担心小C看到留言后受到伤害，也担心这些内容对其余同学产生不良影响。她电话联系小A同学，详细询问了微信群的全部情况，并告知这件事情比较复杂，老师需要思考一下如何处理，请暂时在群里保持沉默，如果同学们还有什么过激语言及时跟老师沟通。小A愉快答应了陈老师的建议。陈老师当时很想直接打电话向小B家长反映情况，跟小C家长沟通安抚情绪，但看看时针已经指向晚上10点，就放下了手机。

陈老师一个晚上忐忑不安，周六一早，她就迫不及待地电话联系经验丰富的搭班老师。经过讨论，她们觉得事件较严重，要及时制止事态蔓延，保护好每一个孩子，让负面影响降到最低。经过商量，制定了处理的四个步骤：解散微信群，避免影响扩散；找小A谈话，了解背后的原因；召开主题班会，讨论如何正确使用网络工具；相关人员分类谈话，提高明辨是非、善恶、美丑的能力。

陈老师再次电话联系小A，了解目前微信群里的情况。经过全面了解，结合家长、孩子的反映，她推断小C同学和家长暂时没有看到群中信息，其他同学和家长看到的也不多。为了减少对小C及其家长的伤害，避免负面影响进一步蔓延，周六中午，陈老师请群主解散了该群。

平时温柔可爱的小B为什么会做出这样过激的行为？周日晚上9点，陈老师电话通知小B同学家长，请她转告孩子周一早上带上手机，提早半小时到校。陈老师需要全面了解情况，找到背后的原因，才能对症下药。周一早上7点半，陈老师将小B带到一个空教室。因为周日解散了微信群，敏感的她已大致知道陈老师找她的原因，一边哭一边交代了整件事情。原来，日常学习生活中，小C常常会对小B说三道四，小B无处发泄就选择了网络，通过微信群谩骂的方式发泄内心气愤。从谈话中，陈老师还了解到这些谩骂的语言都是小B从网上复制来的，都没有细看，也没有想到后果会这么严重。看着此时泪流满面的小B，陈老师知道她真的后悔了。

下午，陈老师利用道法课开展了"知法守法"主题班会。她结合《道德与法治》教材中"知法守法、依法维权"的相关内容，跟同学们一起学习了《网络信息内容生态治理规定》，了解了校园欺凌的定义，讨论了因校园欺凌获刑的案例等，最后说明了删群的目的和对同学们的希望。当一份份文件、一个个案例、一段段视频呈现在孩子们面前时，他们震惊了。看着他们的眼神，陈老师知道这次主题班会成功了。

放学后，陈老师约了小B和家长一起交流。小B父母对孩子真正的了解少之又少。他们不知道女儿平时跟小C关系不和睦，也不知道放学后她在使用手机，更不知道她常用微信朋友圈、微信群等。经过一番交流，父母意识到了自己的问题：对孩子观察和关心不够，对孩子的需求没有重视。

接下来一周的课间、午休、放学前，陈老师分组邀约该事件涉及的学生一一交流，最后，召开了班委会议，让每名班委谈一谈在本次事件中的角色、存在的问题、以后碰到类似事件如何处理。交谈中，陈老师尽量关注孩子们的情绪反应，倾听他们的心声，引导他们客观地认识事实，剖析自己的问题，让问题得以真正解决。

知道了整个事件后我非常庆幸小A能及时告诉陈老师，让陈老师能在第一时间干预处理，将负面影响控制在最小范围。青春期的孩子，处理事情冲动，对网络上的信息不能过滤筛选，觉得"酷炫"的拿来就用，不考虑后果。整个处理过程中，陈老师始终坚持保护好每一个孩子的原则，即使是始作俑者也要给他们改正的机会。主题班会中，陈老师不点名道姓，也不言辞犀利，更没请做错事情的孩子当场道歉，事后跟学生、家长、班委一一分别交流，更好地安抚个体，给出针对性的建议，同时也更好地保护了他们，让事件对每个人的影响降至最低。尊重每一个孩子，保护每一个孩子，找到原因，深入处理，真正解决问题。这就是陈老师的初心吧。

毕业那年，他们班荣获了萧山区优秀班级，为小学生涯画上了圆满的句号，也给班主任陈老师争了光，为学校添了彩。如今这些孩子在文渊就要读初三了，有空的时候他们会回母校看看，有的孩子刚考完试晚上就要跑来看陈老师。每当听到孩子们在学校学得开心，听到他们的规划，看到他们一张张积极向上阳光的脸，陈老师就会感到无比幸福。时光不负有心人啊！

▫ 文末彩蛋

在崇文工作了5年后，现在的陈老师是更加喜欢崇文了，用她的话讲，她最喜欢崇文的人，崇文的老师有国际化的视野，扎实的工作作风，相互关爱的温暖，一切为了学生的情怀。来世纪城第一年就跟楼说行副校长搭班，楼校长自己忙得不得了，但班级有事还是会抽出时间来帮陈老师一起处理。前面说的班里的"网络语言暴力"事件发生时，楼副校长自己下周一的直播还没完全准备好，但听了陈老师的汇报后，双休日一直在给陈老师想办法，出谋划策，在她的帮助下事件得以圆满处理。还有一次儿子发烧一个人待在近江校区的寝室，陈老师不好意思开口请假，因为崇文的老师都很忙，她怕自己请了假给别人带来麻烦。楼副校长得知后对陈老师说："你下午安排好后先回家陪儿子吧，班里我来。"听到领导这样的关怀，陈老师不禁眼眶湿润。来崇文5年，像这样让她感动的事情和人实在太多。这些点点滴滴陈老师铭记在心，也让她越来越喜欢崇文。

"我们坚信教师推动学校发展，我们追求学生个性发展，我们崇尚与同伴携手共进。"现在的陈老师通过考试已重新进了编制。相信她会继续不忘初心，眼中有学生，心中有课堂，把自己后半生的教学奉献给崇文这片沃土。

故事18

奔跑的"星"

"朱老师,我实在是没办法了,你说我该怎么办!"

静谧的清晨,急促的电话声叫醒了尚在假期中的朱莎老师。电话那头是班级里小星的家长,语气中充满着无奈与焦急。随后发来的还有一段视频,画面里小星躺在地上打滚,嘴里还叫着:"我就不!我就不!凭什么妹妹能看我就不能看电视、玩手机,爷爷奶奶都同意了!"

在耐心的聆听后,朱老师了解了来龙去脉。寒假里,小星迷上了电子产品,在爷爷奶奶的溺爱下,更是和劝说的妈妈大吵起来。

"小星妈妈,你别急,我们一起想办法!"朱老师挂了电话,一直沉思。小星的问题不是一天两天了,他总觉得爸爸妈妈偏心妹妹,导致情绪屡屡失控,甚至迷上了电子产品。爷爷奶奶又对他宠溺有加,使得亲子关系陷入了困境。

了解了情况,朱老师和小星一起制订了一份寒假计划,每天早晚打卡,限制电子产品的使用时间,并鼓励小星多参与户外活动,多和家人交流。朱老师也给小星推荐了一些好书,帮助他充实假期,开阔视野。

整个寒假,朱老师都和小星保持着密切的联系,每天都会询问他的学习进展和感受,鼓励他坚持计划,并对他取得的进步给予肯定。

寒假过去了,小星略有进步,但朱老师深知,想从根本上帮助小星,必须对症下药。

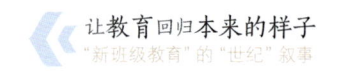

◘ **抓住契机,崭露"星芒"**

一次偶然的事件,转机出现了。

"这次体育课,小星跑步又是第一!"

"真看不出来,他平时什么都是普普通通的。"

听到同学们的话,朱老师第一时间找到了小星。

"小星,听说你跑步又是第一,太棒了!"

被夸赞的小星先是溢出笑容,但弯起的嘴角没一会儿就落了下去:"谢谢老师,可是跑步好有啥用呢。"

"跑步好当然有用了,第一个好处就是能强身健体。而且可以的话,老师觉得你可以尝试参加相关的比赛!"

"真的吗?"小星不可置信地问道,平时班级的比赛似乎都和他无缘,每每想举起来的手都无奈落下。在班级中,小星总是默默无闻的那一个,不像妹妹那么优秀。

"当然!"朱老师微笑肯定。

其实,在了解到小星的跑步特长后,朱老师第一时间就和体育曹老师沟通了,请他正式邀请小星加入校田径训练队。在崇文,有许多这样的队伍:合唱队、体训队、舞蹈队、围棋队、编程队……志同道合的小伙伴们聚集在一起,沉浸其中,展现特长,带队老师利用课余时间带领同学们训练,风雨无阻。

自此,每天清晨,阳光洒满校园的跑道,也洒在小星的身上。小小少年一圈又一圈不知疲倦地跑着,暗自积蓄着能量。

转眼就是校运动会,报名了400米和800米的小星站在赛道上,坚毅的脸庞上挂着汗水。

从那张脸上,你绝对看不出,在上场前,这张脸的主人还在自我怀疑着:"朱老师,我要是跑不好怎么办?"

"小星,不要担心,能坚持训练并且参加比赛已经是莫大的进步,无论结果如何,你都是我们(4)班最棒的'小飞侠'!"小星脑海里回荡着朱老师的话。

"小星,加油!"旁边传来一阵呐喊声,后来越来越响。"小星加油!"不知不觉中,班级同学们会聚在一起,为小星加油呐喊。

枪声响起,小星第一个冲了出去,一圈,两圈……冲过终点的那一刻,大家的欢呼声此起彼伏。凭借着优异的跑步成绩,小星赢得了全校师生的喝彩和认可。

◘ 家校携手,绽放"星光"

因为小星突出的跑步特长,接下来还将代表学校参加区运动会一展风采。正当体训队紧锣密鼓地训练之际,小星却屡次走神,无精打采。

"朱老师,为什么大家都偏心妹妹,妈妈总是批评我!"原来小星又和妹妹吵架,小星认为妈妈偏心就跑去了爷爷奶奶家。

班主任朱老师深知家庭教育的重要性。正如苏霍姆林斯基所说:"最完备的社会教育是学校—家庭教育。教育的效果取决于学校和家庭教育影响的一致性。如果没有这种一致性,那么学校的教学和教育过程就会像纸做的房子一样倒塌下来。"

小星在校表现有进步,可是只要一回到家就状态不佳,甚至迷恋电子产品,背后折射出当前"二孩"家庭"一碗水难端平"的现状。因为妹妹年纪小,每当兄妹俩发生矛盾,父母常要求小星退让,与此同时严格要求小星努力学习,这在小星心里埋下了"逆反"的种子,包裹着少年的苦闷与忧愁，只能通过看电视、玩游戏来发泄，以示反抗。

朱老师利用一对一家长会用心解释小星的困境和需要关爱的一面，让小星妈妈认识到自己的偏袒行为，引导小星妈妈尝试在言语上支持与鼓励小星，发生矛盾时及时了解事情经过并公平处理……

一周后，小星妈妈发来了陪伴小星外出游玩的照片；两周后，周末小星带着妹妹一起去跑步；一个月后，小星妈妈说小星主动上交了私藏的平板电脑，决心好好备战区运动会，为校争光。

朱老师和小星妈妈心手相牵凝聚起同心育人的力量，让小星绽放属于自己的"星光"。

▫ 个性支持，闪耀"星辉"

就这样，小星越跑越快，越跑越远……从校级运动会到区级运动会都能看到他的身影。正当小星全力备战区运动会时，小星妈妈却犹豫了。

"朱老师，谢谢你们给小星机会，他也自信了很多，也不迷恋电子产品了。可是马上就是六年级了，学习任务这么重，小星因为训练错过了不少课，总归学习是第一啊！"

针对小星的特殊情况，班级任课老师们第一时间制订了个辅方案。每天放学，英语方媛媛老师主动留下来帮助小星背诵英语单词，夯实基础；数学翁秀萍老师带领小星整理易错题，讲解难点；午饭过后，科学李翠老师总是第一时间在教室等着小星补课……

"祝贺小星荣获区运动会400米和800米双料冠军，还破了区运动会一项纪录！"小星回到班级，迎接他的是同学、老师热情的掌声。

已经长成小小少年的小星却红了眼眶。"谢谢大家！"小星哽咽地说道，紧紧地抱住了朱老师和翁老师。

每一名学生都是夜空里独一无二的一颗星，只是藏在浩瀚夜空中，不易被察觉。只要我们不放过每一个教育契机，用心发现学生的闪光点，用爱心去擦亮它，每一颗"星星"就都能努力闪烁属于自己的星光，汇聚成璀璨星海。

故事19

成长变奏曲

"朱老师,你们班小思书法课上又和同学吵架了!"

"老师,小思拿我东西还推我!"

班主任朱莎老师刚准备找书法老师了解事情原委,又听到同学气呼呼的控诉,不禁头痛不已。小思是今年刚从外地转学过来的,基础薄弱,畏惧困难,还时常和同学吵架,三天两头有老师、同学来告状。

作为新老师,朱老师也曾尝试劝说、批评小思,可往往才开了个头,小思便大哭起来:"你们就是不喜欢我!"说完,就自己跑了出去。

年轻的朱老师一筹莫展,突然想到了去请教师父——翁秀萍老师。崇文团队,崇尚与同伴携手同行,每位年轻老师都有资深教师作为师父带领,师父既是年轻教师教学上的引路人,更是教育路上的最佳同伴。

"小朱,作为老师,我们要去关怀每一名学生,光讲大道理或者批评是没有用的,像小思这样的学生关键是要走近她,了解她。如果我们开始接纳她的情绪,想方设法去发掘她的闪光点,那么很多问题就只是孩子成长历程的一次历练而已。"

师父的话让朱老师不禁反思起来:是啊,我们只看到小思的缺点,一味批评她,小思何尝不伤心呢!只有走进孩子的内心,才能唤醒他们,得到成长的力量。

第一乐章　一首歌曲解困境

一次，小思和同学发生矛盾，这次朱老师不急着批评小思。

"小思，你愿意和老师说说你的想法吗？"在老师充满关怀的眼神中，小思卸下抗拒，慢慢吐露心声。父母分居后，小思与妈妈独自居住，心中常常感到孤独和不安。转学后，小思又因为成绩落后心生自卑，不知如何融入集体中，只能通过调皮捣乱来博取大家的关注。

朱老师首先与小思进行了一次深入的心灵交流。她耐心倾听小思的心声，了解到她内心的脆弱和不安。在朱老师的引导下，小思开始反思自己的行为，认识到骂人和争吵并不能解决问题，反而伤害了他人和自己。

小思认识到自己的错误又不好意思道歉，在朱老师的建议下，决定唱首歌表达歉意。

出人意料的是，小思歌声悠扬，一曲唱完，同学们愣了一下，随即献上了热情的掌声。朱老师悄悄一笑，其实，一个月观察下来，她发现小思在音乐课上最认真，而且唱歌有特长，正逢校艺术节"班班有歌声"比赛来临，这不就是让小思融入集体的好时机吗？

果然，同学们发现了小思的闪光点，主动和小思聊天："小思，小思，你唱歌真好听，教教我们！"

小思开始融入班级，还在合唱比赛中担任班级领唱，凭借美妙的歌声帮助班级获得"最美歌声奖"。

第二乐章　一次陪伴暖心田

转眼就是三年级为期一周的"走进社区"专题研修课程，这一周，学生将第一次体验住校生活。走访社区，担任小小保育员，了解萧山沙地文化，体验露营生活，畅想设计未来社区……丰富多彩的活动既让同

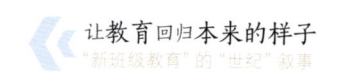

学们了解社区文化和城市建设，培养学生的社会责任感，更锻炼了学生的自理自立能力。

可这一切，对小思来说，是个挑战！

万籁俱静的晚上，大家都已进入梦乡，311宿舍却一直传来哭泣声。"我害怕，我不要住校，我想回家……"小思蜷缩在床上，一边哭着，一边闹着要给妈妈打电话，旁边同学怎么安慰都不行。

"要不，让小思回家住，白天来学校参加活动吧？"一旁老师劝说着。

"没事，忙了一天，都9点多了，你们快去休息吧，我来陪小思。"朱老师笑笑。让小思回家容易，可是如果能借此契机引导小思勇敢面对困难，更能帮助小思成长。

"小思，别害怕，我们关灯让其他同学睡觉，如果你睡不好，朱老师坐在你床边陪着你好吗？"

"真的吗？"小思将信将疑，语气中也有点难为情。

朱老师细心帮小思盖好被子，安静地坐在一旁，一只手轻轻拍着小思……时间一分一秒过去，夜色渐浓，不知过了多久，小思终于睡着了。朱老师轻手轻脚地走出311宿舍，巡查其他宿舍，调节空调温度，给贪凉的学生盖好被子……

等回到房间洗漱时已经是半夜11点，正想喘口气，急促的铃声响起："朱老师，小思哭着在走廊找你！"一听这话，朱老师又急忙赶去，遇见了同样担心学生的配班翁老师。就这样，接下来几天，朱老师和翁老师轮流陪伴小思，直至深夜。

住校的最后一天，小思提出尝试独立入睡。看着她安详的睡颜，朱老师心中充满了欣慰。朱老师知道，小思正在一步步成长，变得越来越坚强，学会了面对生活的各种挑战。

第三乐章　一句肯定传信念

生活上小思越来越独立能干,可是学习上依然薄弱。朱老师和任课老师们讨论,发现小思课堂上总是因为怕说错所以默不作声,不敢举手发言,久而久之,小思对知识点一知半解,学习停步不前。

这天的语文课,朱老师提问道:"这道阅读题谁还有自己的想法?"当朱老师的视线扫到小思时,小思赶紧低下头。

"小思,请你来说说吧!"小思不情愿地站起来,好不容易说出自己的想法,立马就有同学大声反驳:"小思,你说错了,你不会!"

一向温和的朱老师严肃地说:"小思是说错了,可是老师要表扬小思,只要积极发言,敢于提出自己的想法,就是最优秀的。同学之间应当互相鼓励,而不是一味指责,我要给勇敢发言的小思掌声!"这句话就像涓涓细流,流进小思的心田。

这样的场景发生在每一节课堂上。

"小思,你的英语发音有进步!"

"小思,这道数学题你很有自己的想法。"

一句句肯定无不在传达一个信念:勇敢尝试,就是最好的自己!慢慢地,课堂上小思积极发言的声音多了起来;下课后,小思问问题的身影出现在各科老师身旁。

小思的进步离不开老师的关怀,更离不开同伴的帮助。在崇文,多种形式的学习活动让小思拥有了许多"小老师"、小伙伴。跨学科探究活动中,小组成员耐心聆听小思的构思,鼓励小思积极展示自我。数学走班课上,小思和小伙伴一起研究难题,共同进步。

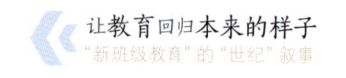

▢ 第四乐章　一次机会展风采

随着时间的推移，小思的成绩不断进步，自信心也越来越强。她用美妙的歌声打破了内心的孤独感，找到了属于自己的舞台。艺术节开幕式上，她是歌声悠扬的领唱小歌手；"戏剧之夜"中，她是倔强勇敢的"小哪吒"……

时值杭州亚运会前夕，亚组委招募亚运小歌手，录制亚运宣传歌曲。

"小思，去试试，落下的课老师给你补。"

"小思，我帮你记作业，有不懂的题我给你讲。"

面对老师的鼓励、同学的呐喊，小思勇敢尝试。一次次选拔，一回回排练，无数个周末奔波在路上，终于从成千上万名选手中脱颖而出。站在亚运主会场"大莲花"的小思阳光自信，用嘹亮的歌声唱响亚运，也唱响了这首属于自己的成长变奏曲，唱入每一个人的心田。

▢ 尾声

毕业联欢会上，小思恋恋不舍："最后我想把这首歌送给老师同学们！"

"你是明月清风，我是照拂的梦……"小思用歌声深情诉说着不舍和感谢。回想起从前那个意外频出的"小魔王"，再看着如今自信阳光的"亚运小歌手"，朱老师感慨万千。

教育是一门等待的艺术，当我们添加了爱的催化剂，静待时间的发酵，就能散发出弥久的香韵。当我们用心灵触碰教育的磁场，走进学生的内心，用灵魂撼动灵魂，教育的奇迹就会在我们身边生根发芽。

故事20

让每一个孩子都自信出彩

2020年，中共中央、国务院印发《深化新时代教育评价改革总体方案》，提出要建立科学的、符合时代要求的教育评价机制。宏观来看，教育评价事关教育发展方向，有什么样的评价指挥棒，就有什么样的办学导向。评价改革的背后，实则是对教育"培养什么样的人"的回答。正如俞国娣校长常说的，看不见的素养远比看得见的分数更重要。在素养导向的教育改革背景下，如果评价体系评的不是学生的素养发展或者是评不出素养，教育实践真正转向就很难发生。

2018年崇文世纪城建校开始，我们就有一种清醒而深刻的认知："新班级教育"的学习时空重构和课程实施，都需要评价予以保障。如何设计、实施更加科学、有效的"新班级教育"素养评价体系，为国家课程高质量实施提供保障，提高教师运用评价促进学生成长的能力，成为我们研究和实践"新班级教育"多元评价3.0的动力。

很多人会问我，崇文世纪城的多元评价3.0具体是怎么进行的？

如果从"评价涵盖身心、道德与学力三大领域"，使"评价着眼人的整体发展"，"基于八个模块，以一种描述性的、指向性的、非静态可测的预期性目标，细化评价的百余项目"等维度描述，似乎给大家看一份学生的评价报告单就可以。因为报告单上清晰呈现了学生评价的过程性数据，指出了学生存在的优势与不足——从结果，就能看出崇文世纪城多元评价的指标和维度。

然而，我们的多元评价不是一个结果，而是一种理念、一种过程，是"让每一个孩子都自信出彩"育人目标的落地。

崇文世纪城从学习时间弹性化、学习空间多元化的研究切入，基于国家课程，结合农场等设施，围绕学生发展个性化、学校课程特色化、学习内容整合化、学习方法个别化、学科教师合作化、学习资源多样化、班级管理主体化等方面，进行了全面的探索与实验，将《中国学生发展核心素养》的"文化基础""自主发展""社会参与"领域，校本化阐释为责任力、学习力、行动力、共情力四个维度，构建"四力"素养评价机制，旨在培养全面且主动发展的新时代少年。

▫ 一张评价单，让每一个人都看到希望

崇文世纪城的多元评价体系倡导评价主体、评价内容和评价方法的多元，包含评价目标的多元指向、评价要素的多元整合、评价结构的多维打造。多元评价契合学生发展需求，关注学生的整体，体现对生命的尊重。王启茹老师针对运动会设计的评价单，非常好地体现了这一点。

我们都是参与者

"同学们，两周后我们将迎来学校春季运动会……"

"耶！我报60米，争取破纪录！""跳远是我的强项，我参加跳远比赛吧！"……消息一出，教室里炸开了锅，同学们你一言、我一语地讨论着比赛项目，权衡自己报哪一项才能为班级赢得更好的成绩。

此时，我留意到班里几个运动能力不佳的孩子，他们小心翼翼地看着体育强者们的表现，因自身能力无法胜任而压抑心

中的渴望，满眼失落。

看到这一幕，我陷入沉思：运动会是体育强者的专场吗？怎样填补失落者内心的空缺呢？

借助多元评价给予的灵感，我想利用它在运动会中发挥积极作用，挖掘评价内容，拓展评价方式，让每个孩子都能在集体活动中找到自己的生长点，既发扬自身长处，又助力班集体的成长壮大。

"同学们，大家认为在运动会中收获什么最重要？"

"金牌！""总分最高！""多几个纪录创造者！"……

"只是这些吗？那让班里体育优生去参加就好，为什么全班都要去呢？"

班级里一片沉默。

"运动会不是体育优生的独角戏，而是全体同学的集体活动，那么不参加运动项目的同学能为运动会做些什么呢？"

"可以做卫生员，管理班级座位席的卫生。""可以写通讯稿。""可以做加油海报。""可以帮助运动员管理衣物。""可以给同学们分发午餐。"……

"好，那我们就根据自身特长来申领运动会项目，我们的项目不仅是跑步跳远，还有写通讯、制作宣传海报、管理衣物呢……"我看向刚刚的"失落者"，此时他们一扫阴霾，满眼期待地看着、听着。

在围圈分享时间，我引导同学们集思广益，共同设计出独特的运动会项目申报表。

我为运动会献力量

项目	报名人员	评价（态度和效度）			项目	报名人员	表现评价（态度和效度）		
		自己评	同伴评	教师评			自己评	同伴评	教师评
撰写通讯稿					60米跑				
卫生管理员					跳远				
午餐分发员					垒球				
物品管理员					100米				
海报制作员					400米				
啦啦队成员					接力				

备注：人人根据自身特长选择项目，运动会后进行评价。
班级共得_____颗☆

相较于常规的运动会项目表，这份表格广义、多元且全面，覆盖了活动的很多方面，不仅让运动能力强的孩子充分发挥特长、展示自我，为班级赢得荣誉，也给其他同学贡献力量的机会，积极投身到运动会中，感受集体活动的快乐。

同学们热情高涨，纷纷寻找自己的运动会专属项目。在运动会筹备过程中，同学们针对自身项目，充分酝酿和准备，更好地迎接运动会的到来。同时，班级对同学们申报项目的达成度也有相应检测，通过自评、他评的方式对每一位同学的表现打星评价，并对班级所获星星总数进行量化，让同学们意识到自己的每一份努力都会推动自我成长，都会助力集体更好地发展。

运动会期间，每一名学生都是最闪耀的参与者，当班级同学在赛道上飞驰时，啦啦队成员热情呐喊；当播报同学的通讯稿时，所有同学都一齐为他祝贺；当班里的卫生情况被表扬时，大家都会对负责人竖起大拇指……每一名同学都找到了项目，且自觉积极地发挥自己的能量。

最终，班级收获"运动会总分第一名"和"精神文明奖"双重惊喜，同学们看着这份沉甸甸的、饱含所有师生努力的荣誉，兴奋地欢呼，热情地拍手，激动地落泪。或许，在这次运动会中，孩子们收获的不只是荣誉，还有萦绕心头的专属自信以及来自集体的温暖和安全感。

这次活动让我思考良多：在班级建设中，要合理运用评价机制，以更全面细致的内容、更适切有效的方法，激励每名学生挖掘自身长处，不断地自我成长，激发团队潜能，创造更广阔的教育时空。更重要的是，评价应当让所有参与者看到来自努力的希望，感受发自内心的关爱，体验生命成长的从容。

多种评价方式，让每一个人都得到发展

崇文世纪城的多元评价，不仅将各种评价方式进行统合，构筑起一个评价式的教育氛围，我们还在积极探索技术赋能，实现评价的时空重构。时间上，时时有引领，教师陪伴学生在校的每一个时间段，通过语音、视频等数字化记录，让全程评价成为可能；空间上，处处有评价，借助物联网、二维码等技术手段，让任何学生所处的学习环境与物理空间都可以载入评价，并且实现师生间的评价互动。人人有评价，面面有评价；有学则评，有行有评。

我们的多元评价方式，主要有以下几种：

分类评价。分课程评价、成长要素评价，分时间与空间的评价，根据类别的不同进行"私人定制式"的评价方式设计，改变了评价方式的单一性、一刀切的现状，使评价真正走进学生的学习与生活，更贴近学生的成长。"私人定制式"的评价通过成果展示来实现，以评价促进学生成长。每年春季的"科学家"课程中，"创新研究室"就是这一评价方式的典型代表。

《索道运行的秘密》《水管为什么是圆柱体的问题探究》《彩票的数学原理》校级发布

　　隐秘评价。指教师根据学生年龄特点、心理状况以及个性趋向进行必要的权衡，为保护学生个体的自尊心与学习动力而采取的对某些评价结果，进行私人单向交互的一种评价方式。隐秘评价的过程需要学校的一些管理制度配合。如对于特殊学生，进行班级所有学科教师的教导会议，这些都是对该生进行的隐秘评价发起人。汇总目前孩子在各个学科科任教师眼中的表现，讨论对这一学生的一段时期内实施的个别化教育措施。还有面向品德或心理行为特殊学生的"双导师"制，除了班主任外，与校内更富有专业水准的教师一起组成一个教育小团队，如对于有妥瑞氏症症状的学生，其班主任与具有国家二级心理咨询师资质的高级教师组团——一方面给予缺少特殊学生教导策略的教师以支持；另一方面，对特殊学生有时候的应激行为，有专业的老师进行干预与处理，同时，形成案例，也能不断提升学校相应教育能力天花板。

　　阶段反馈。单元、期中、学期末，都可以成为反馈的时间段。单元反馈表、第一学段无纸笔测试、一至六年级综合能力测试等，反馈与评价内容不局限于学科知识掌握情况。

小海燕阶段反馈与评价

动态描述评价。评价学生的阶段付出，描述努力程度，客观呈现学生的现实状态。以交往为例，在一年级以"超市购物"为测试任务，在情境化测试中，从"知道在超市购物的流程与规则；愿意和小组成员一同完成任务；在遇到困难时能主动寻求帮助；在与他人交流时，能让他人明白自己的想法；能够使用'你好、请、对不起、谢谢、再见'等文明礼貌用语"等交往水平指标进行表现性和描述性评价；二年级以"我为全家设计晚餐"为测试任务，在一年级交往水平指标的考查基础上，通过增加任务的复杂性，发展学生的交往能力。同时，一、二年级的交往水平指标，又成为三至六年级《社会情感》交往评价水平的基础。

交往水平核查清单（G1-6）

姓名：

☐会找父母或师长聊心事。

☐能和新认识班外小伙伴做到下面超过5条内容。____条

☐能和新认识校内小伙伴做到下面超过5条内容。____条

　　☐能够使用"你好、请、对不起、谢谢、再见"等文明礼貌用语。

　　☐能有可以倾诉烦恼的伙伴，听取他（她）的积极想法。

☐ 能有分享自己兴趣爱好以及开心体验的伙伴,让彼此更了解。

☐ 当伙伴向自己倾诉时能给予真诚的关注,解决他(她)的小烦恼。

☐ 当伙伴有困难时能鼓励并以实际行动支持他(她)。

☐ 会拒绝伙伴提出的不合理要求。

☐ 与伙伴意见不合时,会真实地告诉他(她)自己的想法。

☐ 在有分歧时,能接受同伴的意见,并真正理解他(她)的观点。

☐ 有互相推荐书的好伙伴。《_____》书名记录

总评_____ 评价说明:选7~10项为A,4~6项为B,1~3项为C。

展示性评价。学校的课程设置拓展了学生学习交往的平台,提供了更为多维的成长空间。如为学生创建了许多自我展示的机会,通过展示性评价,让学生更加自信地表达自己的观点,呈现个性化学习成果。课堂中学生对学习成果的自我点评和同学互评,在展示中获得肯定。

学习单评价。通过学习单对学生的学习效果进行比较客观全面的评价。学习单评价是一种非常直观的评价方式。一份好的学习单,可以让学生非常清晰地明白所学的知识板块,明确自己的学习成果,了解自己的学习效果,并能够促进学生对所学内容在课后进行进一步的探究。因此,学习单评价是非常重要的一项评价方式,老师要根据主题内容、主题目标、活动过程等因素精心设计学习单。

即时评价。课堂上老师对学生的表现进行即时的评价。老师要尊重

"面具的故事"主题学生的学习成果

孩子，以生为本，倾听学生的发言，读懂学生的想法。除了对学生的发言进行即时的评价，对于学生自主学习和小组合作的情况，老师也要了然于胸。在教学中，老师可以参与某几个小组的合作学习中去，进行近距离的指导。在主题活动中，如果两位协同老师都能深入小组学习中，进行适时的引导、点拨，那么学生的小组合作能力一定会不断提高。注重学生在小组合作中的状态，从小组合作的形式、态度，到小组合作的内容、效果，以及小组合作的成果展示，全程浸润式地了解、评价学生的合作探究能力，体现了对于学生综合素养的培养。老师的即时评价优势是明显的，能够及时而直观地指导学生，效果明显。

自我评价与同伴评价。注重学生参与评价的过程，老师给予一定的示范和引导。在此过程中，学生对自我的认识逐渐清晰、丰富起来，这对于自我肯定和自信心的培养也具有非常积极的作用。我们鼓励学生从多角度进行评价，这有利于学生综合能力的提升，无论对评价者还是被评价者，都有非常积极的作用。评价的本身也是一次人际交往的实践。在同伴互评的过程中，学生潜移默化地学习欣赏悦纳同伴；学习接受别

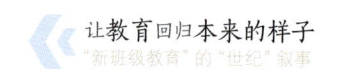

人的表扬和批评，肯定与建议；学习借鉴同伴的观点、学习成果，从而促进自己的发展。

其他还有观察日志的评价，通常在课程教学中，教师以各类手账全息记录学生表现，如班级手账、学科手账、活动手账等；在班级特色活动中，设计不同类型班级活动进行孵育式评价，主要起到引领功能，如前面案例的"我为运动会献力量"的评价单；在相关专项测试评比中的诊断评价，如计算测评、阅读测评、情境化测试、能力测试等；以典型事件与特殊经历评价，呈现学生真实的经历、付出与努力的履历评价等。

评价改革，促教师发展

要实践这样新的学生发展观，老师的教育理念也需要相应提升。什么是崇文好老师？

随着社会的发展，特别是信息时代的来临，教师"权威式的传递知识"的作用正在发生变化，特别是现代教育技术手段的快速发展和广泛运用，知识的存储这一工作只需要利用工具来完成。于是，教师从一心传授知识的工作中摆脱出来，进一步发挥更大的作用：判断学习者的学习需求，激发和鼓励学生自主学习，为学生创造良好的学习环境，检查和评价学生的学习状况。教师的职责从此不再主要是传授知识，而是指引学生学会求知、学会做事、学会生活、学会发展。

促进学生学习。在信息技术高度发展的今天，教师已不再是独一无二的知识占有者和传授者。借助各种教学技术手段，学生可以自学，可以不需要老师的讲授，也能知道诸如太空知识和遗传工程以及其他各个领域的最新知识。教师不再是作为中心以知识权威者的身份向学生灌输知识，而是把学生作为中心，围绕学生的特点和需要，以帮助学生不断进步为目的，为不同发展层次与水平的学生创设出适宜的学习条件和环境，使学生逐步掌握适合自己求知特点的学习方法、策略和习惯。

树立良好榜样。教师的任务是教书育人，既开启学生的心智，又培育他们的心灵。教育过程是人的不断构建的过程，是心灵不断美化的塑造过程。在这个过程中，教师是引路人，教师的言谈举止都对学生产生潜移默化的影响，教师最大的力量就在于他们自身树立的榜样，尊重学生，建立起民主、平等、和谐、融洽的师生关系。好教师应千方百计地使每一名学生都能感受到教师的关怀和爱护。

参与教育研究。如何教育培养好学生一直是没有终极答案的问题。教育、教学活动涉及师生在多种因素影响下的共同活动，不断变化的教育、教学情境使实际教育、教学工作变得丰富多彩，也增加了教师工作的难度。实际教育、教学中存在许多亟待解决的问题，而理论学习和书本又不能帮助这些问题解决，如此困境强烈呼唤教师具备反思能力，开展教育研究。如重视运动，是崇文世纪城的教育特色。教师在组织班级运动会过程中设计的这份"我为运动会献力量"的评价量表，可以看到多元评价作为一种理念，在教师日常教学与班级管理中的落地。

当然，随着3.0评价研究与实践的进一步深入，如何让量表的产生更智能，如何让学生画像的刻画更精准，在不加重教师负担的基础上采集更多数据，都是我们今后研究与探索的方向。

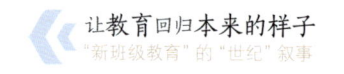

故事21

我们的孩子我们共同教育

2021年10月,《中华人民共和国家庭教育促进法》经第十三届全国人民代表大会常务委员会第三十一次会议通过,自2022年1月1日起施行。"建立健全家庭学校社会协同育人机制"成为一项法律要求。

此前一个月,崇文世纪城第四届家长委员会在学校党建室召开第一次全体会议。会上,我一如既往,首先向35位第四届家委会委员表示祝贺,也感谢他们为学校的发展和孩子们的成长奉献自己的时间和精力、智慧和资源。在新学年里,期望各位委员积极做好家校沟通,为孩子和广大家长做好示范,主动传递正确的教育理念,更好陪伴孩子健康快乐成长。楼说行副校长宣读了家委会委员德育组、教学组、后勤保障组、学校形象组的任职安排。当时,"双减"政策落地已月余,家委们先期也以"双减背景下如何落实家庭教育"为主题,对各班家长朋友进行了问卷、访谈等多种形式的小调查,家长们都有了很多新思考和金点子。就职当天,家委们就采用"世界咖啡屋"的形式进行了主题讨论,从家庭教育和学校教育两方面分享了许多金点子,适合在家长中普及,也对学校教育起到了合理化建议。

在崇文,家长一直被视为教育的同盟军、我们的新同事。"我们的孩子我们共同来教育",是崇文一以贯之的家校育人理念。通过"家庭教育科学指导"和"家庭教育活动优化"两方面,崇文世纪城激活了家庭承担教育责任的新动能，鼓励家长与孩子共成长。

▢ 特殊家长会，助力成长

学校是家庭教育的专业合作伙伴，为家长提供专业的育儿指导是学校的重要任务。崇文的家庭教育科学指导，主要体现在创新家长会和家长沙龙上。其中，家长会亮点颇多。

崇文一直重视家长会的研究，召开了多种类型家长会，帮助家长厘清育儿观念。世纪城延续了崇文传统，通过"一对一"个别化家长会、特殊需要家长会、"世界咖啡屋"式家长会和私人定制式家长会等多种创新家长会，保障家校充分沟通与交流。家长会也可用于开展主题式的大研讨活动，以不断明确家校之间的权责关系。以"世界咖啡屋"式家长会为例，我们组织家长开展了"作业本上不签名"的研讨活动，明确"有边界的家校责任"，将时间管理的权利还给孩子，让孩子自主负责、自我安排，提升孩子的自我管理能力和自控力。

高琳芳是崇文世纪城一位资深班主任，创新家长会成了她和家长深入沟通教育理念、形成家校合力助力学生发展的"神器"。她曾在学校的论坛上，和诸多专家同行分享过几个精彩的家长会故事。

一对一：用"真诚"促"转化"

五年级接班，有一个全年级师生都认识的学生小Y，性格孤僻，易怒，和同学发生矛盾时免不了歇斯底里，还不时顶撞老师，在一定程度上影响班级的正常秩序。开学第一个星期，小Y和同学闹了矛盾，当我和他讲道理时，他却大声说："你多管闲事，我不要你管！"我马上问道："你确定吗？"在得到肯定回答后，我心平气和地说："好，都五年级的孩子了，相信你有自己的选择，老师尊重你的决定。"没有生气与批评，但我心里已经想好了对策。我马上约谈了这个孩子的爸爸，为什么是爸爸呢？因为据我了解，这个小Y的妈妈平时比较纵容孩子，而爸爸呢不太管孩子，但是他是从事心理研究工作的，我觉得应该是个突破口。和爸爸一对一谈了一个多小时，发现爸爸的理念是，要尊重孩子的个性发展，他觉得儿子的这些表现不需要做太多的干预，顺其自然就可以。所以，在和爸爸的沟通中，我非常坚定地提出了我的想法，一定要做出改变，不能顺其自然。他爸爸就问我，要怎么改变？我就和他说，就从这次他顶撞老师为切入口，作为五年级的孩子，要为自己的所作所为承担责任，他既然对老师说了"我不要你管"，那么我们就如他所愿。我接下来几周，真的要决定不管他了，希望爸爸妈妈能配合和支持我的这个决定。爸爸当时觉得可以试试，但是觉得妈妈可能会有想法。第二天，我又约了妈妈一对一，我记得她是带了一份小礼物给我，说是替儿子道歉，并且希望我不要不管他，我婉拒了她的礼物，并且告诉她："我不是真的不管，我只是选择另一种方式去引导他，我希望小Y最后自己能向我道歉，这样才能真正地触动他。"希望妈妈不要为他代为道歉，妈妈也意识到了自己总是为儿子包办很多事情，其实是不利于孩子成长的。

两次一对一的沟通，已经和家长达成一致，接下来的两个星期，我利用双休日组织了丰富多彩的假日小队活动，还策划了孩子们最期待的亲子活动。可每当小Y同学想要从我手中接过活动通知时，我总是微笑着说："对不起，小Y，你说过你不要我管的，我得尊重你的决定。我组织的活动你恐怕不能参加了。"倔强的小Y嘴里不说，可心里可能早就后悔他说的话，碍于面子，又不肯道歉。当然爸爸妈妈也配合我在家里进行引导教育。第三周，学校招募牛通社小记者，小Y同学非常感兴趣，他看着我手上的报名单，从位置上站起来，大声说："老师，我向你道歉，你还是管我吧……"要知道，道歉，于他来说是多么不易。就这样，没有苦口婆心的教育，而是通过别样的体验，让他明白了自己的不良言行所必须承担的后果。

有了这一次体验，爸爸妈妈也感受到了孩子的变化，更愿意配合我的工作。他情绪控制有困难，我巧用各种方法，引导他合理释放情绪；性格孤僻、不合群，我设计集体游戏，特设游戏岗位，让他逐渐学会合作与交往；常常会和老师顶撞、起冲突，我引导他用心情记录法，阐明理由、表达心情……一次次和家长沟通，一回回和孩子深入谈心，大家惊奇地发现，不到一年，这个曾经的"捣蛋鬼"，慢慢成了我的小助手、小跟班。

一对多：用"特色"促"共赢"

刚才分享的是一对一促转化的家长会，接下来要讲的第二个故事，是体现班级特色的功能型家长会。这是在2018年，我到崇文世纪城校区接手一个新班级，第一次新生家长会时，我发现了一个奇怪的现象：参会的绝大多数是妈妈，爸爸屈指可数。即便参加的爸爸也像局外人一般——把玩手机，不记笔记，会议一结束就起身离开，似乎参加家长会只是为了应付老师布置的任务。

经过半学期的接触，我发现班里除了1位离异家庭的孩子爸爸，还有3位爸爸我素未谋面。究其原因，无非就是爸爸太忙了！妈妈是全能超人，接送孩子上下学、辅导孩子功课、陪孩子玩乐、开家长会都是妈妈负责。爸爸很少在家，有时连周末都难得见上一面。有些孩子的爸爸工作倒不忙，但每次都是妈妈来参加家长会，问起时会说："爸爸笨嘴拙舌，不会和老师沟通，我想多和老师聊聊孩子的情况。"女人天性爱说，男人相对寡言，成了最好的托词。

其实，家长会谁参加并不重要，重要的是父母双方对孩子的教育都足够重视并发挥作用。爸爸不故意逃避，妈妈不大包大揽，互不推诿、不埋怨，充分沟通，清晰任务，大致分工，态度上保持一致——在这个过程中，父母和孩子都将有所成长。

期末一对一家长会时，我和每一位来沟通的家长都表明了自己的想法："家庭教育有两盏灯：母亲是家里亮着的那盏窗前灯，是一盏柔和、温暖的灯；父亲是出门路上的那盏路灯，照亮孩子前进的方向。一个称职的父亲，抵得过一百位老师。父亲对孩子的作用是任何人也不可替代的，履行父亲职责的方式多种多样，关键是心中有孩子、肩上有责任，便能以符合自身特点的方式与母亲实现优势互补。"我说此番话的初衷就是希望能唤醒爸爸们对孩子教育的重视，让父亲在家庭教育中不再缺位。

第二学期，我将班级特色主题定为"传承好家风"，主要针对家庭教育中父亲角色缺失的问题，挖掘言传身教的好爸爸，并定期开展班级主题活动。

在期初家长会前，我发放了一份调查问卷，收集了第一手资料。调查结果显示：7户家庭爸爸长时间不住家，10户家庭爸爸工作忙碌，常常晚归，或者回家后基本与孩子无交流。陪伴孩子学习、生活多为妈妈的任务，且双休日兴趣班最令孩子反感。

根据调查结果，我想到特别邀请爸爸们参与本次期初家长会，调动爸爸参与家校共育的热情，准备邀请函，受到妈妈们的积极点赞。结合生活观察，邀请优秀父亲代表做主题讲座《陪伴是最好的爱》。

期初家长会前，我准备了60枝玫瑰花，爸爸来的领取两枝，一枝送给自己，一枝送给妈妈。家长会当天，来参与的爸爸共计16人（班级共26名学生），邀请的成效显著。

家长会后，我发现妈妈们的朋友圈中感慨颇多，好多人晒出了那枝意义非凡的玫瑰花。其中有一位第一次参加家长会的爸爸写道：今天参加了娃的家长会，首先对俞校长提出的让孩子学会做好梦想的主人、作业的主人、时间的主人，非常认同，也觉得非常接地气。后来又参加了班级家长会，重温了《家长公约》，通过每个任课老师对学科内容要求的介绍，对孩子在这个学期中的学习内容及需要配合的内容，有了一个比较清晰的认识。第一次在家长会中聆听爸爸的专题讲座《陪伴是对孩子最好的爱》，让我意识到自己做得还远远不够，要给予孩子高质量的陪伴，引导其勇于接受、克服困难。整个家长会，老师们精心准备，为鼓励爸爸多参与，准备的玫瑰花也挺有讲究。再次感谢老师精心组织的这次双向互动的家长会。

除了邀请爸爸参加家长会，我还将"让爸爸走进孩子成长"的理念融入平常班级的主题活动中：父亲节进行亲子朗诵会，我邀请孩子和妈妈一起赞颂父亲伟岸的形象、为家庭做出的贡献；家庭亲子运动会时，我会特别调动爸爸参与的兴致，爸爸、孩子齐上阵，让孩子们体会到何谓坚持、责任与勇气。在评选模范家长时，平日里表现特别突出的爸爸班级优先推荐，因此每一个孩子都会努力挖掘爸爸的闪光点，让爸爸们更有融入感和成就感。

在经历了一次又一次主题式的班级活动后，我明显感觉到爸爸们参与班级活动、家庭教育的积极性提高了。家长沙龙中，有爸爸来讲自己擅长的科技发明；亲子活动中，有爸爸取消了重要会议，陪孩子登山毅行；家长会时，有爸爸主动请缨，来为家长分享经验。因为有了爸爸的鼓励与示范，孩子们变得更加自信、更有担当，遇到事情也不会想着逃避。整个班级体现出大气、正气的班级风貌，斤斤计较的小矛盾减少了，内向孤僻的孩子也变得阳光起来，尤其是班里的男孩子，一个个都特别有责任感，常常可以看到小绅士们给女生提重物的景象。我们班的爸爸很给力，我们班的孩子很幸福！家长行为是投射，学生行为是反射。家校合力，守望孩子的成长。

多对一：用"真情"促成长

都说班主任是班级教育的主导，刚才和大家交流的都是班主任组织召开的家长会。那么最后和大家分享的故事是多对一的家长会，也就是班主任联合各科教师甚至年级组长、驻组行政一起，召开特殊的家长会。这个故事是我的隔壁班级，我不是这个班的班主任，但我兼这个年级的年级组长，因为当时这个年级只有两个班，四（1）和五（1）班。这是两个插班生班级，学生各有各的特点，家长各有各的需求。学生身上烙印了原来学校的痕迹，家长的教育理念更是差异颇大。如何才能让这些新崇文人烙印上崇文孩子的特质呢？一年来，我们共同面对两个插班生班级中遇到的各种问题，家长的、孩子的，只要一有问题，我们整个年级组的老师就都会坐下来，共同商量对策。

我记得，当时四（1）班有一个小Z同学，平时沉溺于网络游戏，尤其双休日，更把做作业当作玩游戏的筹码，和家长叫嚣不玩游戏，坚决不做作业，双休日作业的完成质量低下。我们了解了这个情况以后，决定召开各学科老师联动的多对一家长会，我作为年级组长也参加了。我们请来了小Z父母，了解具体细节，当其父母也表示束手无策时，我和班主任邵老师先单独找小Z谈心，指出他的问题，让他自己意识到错误，给他讲道理灌输理念，引导其正确的价值观。最后与他约定，双休日玩游戏的时间不超过两小时。然后又针对他行为、学习上的问题，各科老师一起约谈了他的父母，把他的问题一一罗列出来。小Z的家长也意识到孩子身上的问题，向我们老师请教方法。我们老师就把先前共同制定好的建议措施与其家长交流，家长听了之后非常认可，并予以积极配合。我们给他定制了个人成长记录表，每周由班主任汇总各科老师的反馈，和家长进行点对点的沟通交流，表扬好的方面，没有做到位的下周继续努力。这样用心地关注与引导，小Z同学的转变是很大的，从原来的被动学习变成主动爱学，原来的自由散漫变得有规则意识。期末考试结束，他一脸激动地跑来和我说："高老师，我语文考了90分。"后来我知道他不仅是和我说，而是广而告之了每一位他认识的老师。

每一个孩子都是家庭教育的缩影，发现问题，我们不断地与家长沟通，常常召开班级、年级教导会议，分析孩子行为背后的原因，商量对策。这样的多学科联动，家校沟通，更能形成家校合力，收获家长与孩子的共同成长。

"新班级教育"家长公约，让爱远航

爱一朵花，最好的方式就是陪它盛开。家长作为孩子的第一任老师，给孩子一个和睦健康的家庭环境，陪伴是必不可少的。为了让每个孩子都能得到家长更高质量的陪伴，崇文世纪城规划了一系列的生活活动，并在学生入学时就和每一位崇文家长签订《"新班级教育"家长公约》，承诺每周都要花一定时间陪伴孩子。

学校鼓励每个家庭都能有一个家庭日，感受生命美好。在家庭日，祖辈可以向孩子讲述过去的故事，将家风、家规、家教代代相传；父辈可以同孩子一起观察小动物、做志愿者、大扫除、养花草等；同辈可以一起进行户外活动，追逐梦想、探索自然。学校通过打造书香家庭，共享亲子阅读。学校会在微信公众号平台定期发布家庭的亲子阅读体会和家长推荐书目，促使更多的家庭都能爱上阅读，在阅读中陪伴儿童成长。迄今，崇文家长已经推荐了囊括政治、哲学、文学、历史、科技、科幻等方面的书籍上千本。

引导家长的同时，学校也引导孩子看见爸爸妈妈的"闪光点"，通

小海燕为模范家长致颁奖词

过"模范家长评选活动",郑重夸夸陪伴自己成长的爸爸妈妈。每一名崇文小海燕都积极参与其中,将父母的点滴爱意化作真挚美好的文字,利用围圈分享、班会课等,将自己和父母爱的故事绘声绘色地讲述出来。孩子们在一次次的感动中,学会了感恩父母,感恩生活,感恩身边的每一个人。

爱就要大声说出来。这份温暖,延续到了表彰会的舞台上。与其他颁奖形式不同的是,为模范家长颁奖的正是他们可爱的孩子。孩子们为爸爸妈妈诵读自己亲手写下的颁奖词,稚嫩的声音里传递出充满爱意的真情告白。家长们从孩子手中接过证书,意义非凡。

至今,崇文世纪城实验学校模范家长表彰已走过五届,每一届表彰仪式上,我总会被孩子和家长的真挚发言所感动,同时,也让我一次次想起俞国娣校长曾讲过的一个故事:"十多年前,崇文的一位家长曾对我说,'崇文让我真正懂得了,我也应该是一位老师,教育孩子也有我的一份责任。'"

在共同教育孩子的过程中,学校和家长,缺一不可。

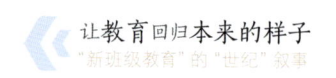

故事22

书香崇文，阅读人生

> 当下，社会上普遍存在一种焦虑情绪，怕孩子输在人生的起跑线上。在我看来，阅读和运动，才是人生永恒的起跑线，儿童教育要致力于这两大习惯的培养，并让其伴随一生。
>
> ——俞国娣

2018年11月8日，杭州市崇文教育集团成立。当天，教育部"领航工程"的校长们发起的中国品质学校发展共同体在崇文世纪城举行高峰论坛。论坛上，俞国娣校长进一步阐述了集团过去和未来有关儿童发展的理念和实践。她说，随着科技的进步、人工智能时代的来临，未来人的很多事情都可以由机器人替代完成，唯有阅读和运动无可替代。正因为如此，集团通过环境创设和课程建设两大抓手，力求促使阅读和运动成为每名儿童主要的生活方式和习惯，同时也成为他们闲暇时间自主安排的首选内容项。

崇文教育集团旗下的四所学校，图书馆的建设永远是最棒的，全部设在一楼并占据黄金地段，24小时全天候开放，方便学生随时阅读。为了让书本能放在孩子伸手即得的地方，集团在四所学校的每个走廊和过道转角都设了图书架，每个教室都布置图书角。据不完全统计，集团的藏书量目前已达10万余册，而且定期更新。其中，崇文世纪城是拥有图书馆和藏书最多的。

掌管着崇文世纪城这笔庞大的精神财富的，就是她——专职图书老师，贺文。

▫ 她是崇文最富有的人

贺文可能是杭州小学中唯一的专职图书教师。入职五年来，她的工作生活都被阅读真真切切地影响着。

回想起第一次和她的对话，她满脸紧张与焦虑。原因有二：第一，作为图书管理员，面对上万册书籍，如何做到快速区分书籍种类，了解书籍信息，以便于向师生推荐他们所需书籍，是个难题；第二，作为新教师，身边优秀的伙伴真的太多太多，如何在自身专业上快速成长，也是一个大难题。

她的压力我理解，我告诉她三句话：一个人的成长是被阅读建构起来的，一个人的气质是被书香滋养出来的，一个人的修养是被书本垫高的。你是身处书海最富有的人，可以去书中寻求答案。渐渐地，我看到了她的变化。

"阅读"与"学习"总是相伴而生，五年的"崇文书社"让青年教师们相约周三，互伴学习，也让我了解了青年老师们的阅读启示录。贺文为自己制订了一套阅读计划：

1.有目标地挑选书籍。在聆听了家庭教育专家的讲座后，她会阅读《正面管教》以初步了解家庭教育，为教师专业发展采购相关书籍。在学习了儿童心理情绪专题培训课程后，她又翻看起《原生家庭》，以进一步了解儿童心理，与学生平等对话，拉近彼此距离。

2.有方法地高效阅读。为完善舞蹈选修课课程设计，她找到同一类书籍重复对比阅读，在《舞蹈解剖学》中深入了解人体结构的基础上，再细读《舞蹈基本功训练教学法》一书，以优化自己的教学方法。

3.有思考地记录阅读。在党员知识读本的阅读中，她在《习近平新时代学习纲要》中勾画出习总书记的重要方针，并在记录他早期生活的《习近平的七年知青岁月》中寻找这些指导思想的萌芽事迹，以更好地理解每一条方针制定的背景和重要性。

其实，阅读不在于量多，而在于质高。作为学校圆形、方形和三角形图书馆这方天地的建设者，阅读的力量加持让贺文不再平凡。

阅读共富，在崇文他们都是最富有的人

学校图书馆拥有丰富的阅读资源，它作为学校组织体系中一个重要的组成部分，也是学校实施教学的一个重要据点。于是，为配合学校教育目的，进一步营造"书香校园"的阅读氛围，她会积极利用图书馆的馆藏优势，为课堂教学提供辅助作用。

工作时，她不断地在各场馆间行走与穿梭。我曾经半开玩笑地说："贺文，将来一些孩子不一定记得校长姓什么，但他们一定知道图书馆的贺老师。"她笑着回我说："我不能只顾着自己富有，要阅读共富，让崇文每一个人都爱上阅读，都成为最富有的人。"

为了掌握小海燕的阅读兴趣，了解他们的读书喜好，贺文总会温柔地与他们打交道、交朋友。她和这些"小书虫"之间有了交流，有了默契，有了探讨，更有了彼此间的"书之约"。每一次与书"相约"总让人记忆犹新，作为学校的图书管理员，她将"阅读印记"拓印在校园的每个角落，让更多的小海燕传承书香基因，让校园充满浓郁的书香气息。

她借助图书馆平台,设立了各类作家专区、主题书架,把上万册书籍填入满墙书架;她开辟出"好书推荐"墙,把一张张学生制作的精美好书推荐海报,张贴在校园的角角落落;在各班评选出一年一度的《书香家庭》后,她又搜集制作材料,校对文字排版,在微信公众号推出"书香家庭"专栏;在亲子阅读活动中,她与老师们在朗读亭里录制孩子们与父母的朗诵片段,让他们静享此刻属于自己的亲子时光;悦读节前,她还购买了上千册"与作家面对面"活动所需的书籍,花了整整一周的时间,做好环境布置,营造了浓浓的悦读节氛围。

让阅读"课堂化",让课堂"溢"书香。每学期,她都会协助全校语文老师开展"语文课堂进阅览室"活动。有一次,二(5)班的小海燕正捧着《闪闪的红星》一书认真阅读,她便将他们沉迷书籍的精彩瞬间拍摄下来。当他们互相交流阅读感受后,她又将他们的推荐语同照片一起打印,张贴在图书馆中,记录下他们的阅读足迹。悦读节前,得知二(5)班的小朋友正在紧张地排练《闪闪的红星》课本剧,她便结合先前"语文课堂进阅览室"活动,与班主任高老师一起寻找素材,帮忙绘制《闪闪的红星》好书推荐海报,搜集了大量"红色电影"素材,用行为动作演绎书中情节,加深阅读记忆。

在这些阅读活动的开展中,她将班级活动与图书馆联结起来,形成一条图书馆特有的"丝带"。图书馆通过它们联结到了各个班级,在小海燕心中埋下了书香的种子,同时也拉近了每名小海燕与阅读的距离。

让阅读成为一种习惯一直是崇文学生的阅读态度,而对于教师,把读书变成"嗜好","广然后深,博然后专",一直是崇文教师的阅读目标。

在崇文,"大书虫"们拥有一群携手共进的伙伴。老师们坚持做到每月至少读一本书，当读到产生共鸣的文字时，大家掩卷深思，结合自身工作实际和生活体验，在"教师读书吧"满墙的读书分享卡中，记录下自己的所思所感。也有老师会把阅读心得写在书籍首页捐赠给学校，当这一本本书在老师们手中流动，书籍首页的感悟越来越多，无数的阅读思绪也在校园里流转不停。

在这个过程中，图书馆也在不断为教师搭建阅读平台，提供多种阅读资源添砖加瓦。研究中心牵头的每年的"新年送书活动"，提供了自选及必选书单供老师选择，寒暑假的读后感撰写及评比让教师宅家也能享受到阅读的乐趣。此外，书香更是渗透到老师们学习生活的方方面面，党员教师会在"党员教师读书吧"共读红色经典，青年教师在崇文书社聆听吴卫东教授《阅读与人生》的讲座，新教师漫步北山路在纯真年代书吧汲取榜样力量，志愿教师积极参与图书馆志愿活动，为崇文师生的阅读质量保障贡献力量。书香阅读活动推动着崇文教师，逐渐形成一股自觉而富有感染力的书香力量。

□ 丰富阅读活动，让阅读变成期待的事

一所书香充盈的学校才会是一所美丽的学校，一个热爱阅读的班级才会是一个优秀的班级。陈逸青作为学校语文教研大组长，身先士卒带领班级开展每日共读活动，不遗余力地推广阅读活动。

中午闲暇时光，陈老师安排的是大家共读的书目，利用中午有限的时间在教室里安静地读课外书。她和孩子们一起穿越经典，《绿野仙踪》《秘密花园》《大林和小林》《时代广场的蟋蟀》《装在口袋里的爸爸》《彼得潘》《夏洛的网》《爱的教育》《海底两万里》……共读中，她带领孩子们一起写读书笔记，定期进行展评。每读完十本书，她积极组织并指导学生设计编撰读书小报，评选出"悦读达人"。她还会进行课前一分钟阅读分享，阅读课上交流汇报读书情况。在这个过程中，学生阅读的兴趣盎然，因此她带的班级，年年能入选书香班级。

陈老师进入世纪城五年，带班也正满五年。孩子到了五年级，阅读文章变长、变难，明显感觉孩子们的阅读量吃紧，阅读速度也跟不上。王荣生教授在《阅读的力量》一书中提及，提高阅读能力别无他法，唯有多读书。于是，陈老师大刀阔斧地推进整本书阅读，引导海量阅读、师生共读。她利用每天课前一分钟，让孩子们轮流进行新闻播报，引导学生关注现实生活，抛出话题共同探讨。她通过教师范读《俗世奇人》片段，与孩子一起学习人物描写的手法，和孩子共同来写写身边的同学。她还会结合教材，和孩子们一起沉浸于安徒生童话的瑰丽、王尔德童话的凄美，也会为青铜葵花一家人的温情而潸然

校园处处都有爱阅读的小海燕

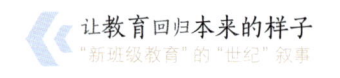

落泪。

书读得多,能培养起对美的感受力和创造力,更有可能对人对物怀有爱、包容、理解与宽恕,也更有可能愿意用审美的眼光看待万物。孩子变得爱思考了,班级氛围也和谐了许多。

"十二本书计划",让阅读随时发生

随着新课标落地,整本书阅读越来越被重视。如何让课外阅读有机纳入教学课程体系,使阅读效益最大化,成为崇文世纪城语文组对于"整本书阅读"的探索方向之一。

当下的语文课堂既要关注课堂内外的有效对接和学生阅读品质的提升,又要与课程改革同步。因此我校以书香校园的纵深化建设为出发点,以"十二本书计划"整本书导读课程的研究作为行为路径,整合资源、建构序列、拓宽场域,引领学生读不同类型的书,从而开阔他们的阅读视野,促进学生的全面发展。

教师通过适时、适宜地推荐"必读"与"选读"书目,鼓励学生读不同内容、不同民族、不同作家、不同体裁、不同主题、不同时代背景下的多元文化作品。语文教学真正做到了"以生为本、学为中心"。

走进崇文世纪城实验学校,你一定会被时时能读、处处可读、人人爱读的书香氛围感染:学校阅览室、阅读港湾、一起读书吧、班级图书角整齐地摆满书籍,学生正利用碎片化时间在教室、懒人沙发等地方充分阅读、提升自我。

"学校是学生阅读的主阵地。"楼说行副校长常常这样说。当学校满足学生随处有书读、随时可阅读的需求,阅读就很容易发生。如何不辜负孩子们的阅读期待,确保孩子们持续地有书读、读好书?楼副校长

精彩的"悦读节"活动

坚持要进行"十二本书计划",并且这些书不仅放置于图书馆内,而且放在每个班级里,她说:"孩子们一双双澄澈的眼睛盯着书架,一双双小手轻轻翻着书页的画面是最令人动容的。"

丰富多彩的阅读活动能让学生爱上阅读,涵养品格。崇文每年都会利用4月23日世界读书日开展"悦读节"活动。我们加大了对书香家庭、悦读达人、班级悦读达人的宣传,在启动仪式中我们隆重推出了各班校级悦读达人、全校书香个人教师。我们还将书香家庭和悦读达人的海报张贴于校园的各个角落,让小书虫们都能成为学生中的小明星,让阅读真正深入人心。

学校会定期组织师生开展"国学诵读""古诗词朗诵比赛""读书交流""读书主题征文""最美阅读者评选"等一系列形式多样、内容丰富、寓教于乐的阅读实践活动。

为培养学生的探究能力,提升核心素养,学校还把名人作家请进来。你瞧,那位著名的"卡通老妈"郑春霞老师来了,她现场与小海燕们畅谈古诗词,潇洒不羁的模样,一如从诗中走来。再来看这边,专注

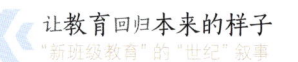

生活与自然艺术的周华诚老师将艺术之美带到现场，更与小海燕们一同分享"草木滋味"与"造物之美"。学生在活动中享受了精神的引领、思想的交流、观点的争鸣，在潜移默化中增强了人文底蕴。

▢ 拓宽阅读边界，让阅读深一度

在每一届小海燕阅读时光主题活动中，"空中共读一本书"都是孩子们最期待的内容之一。2019年，学校与西藏那曲连线，两地学生共同学习传统文化；2020年，我们与武汉架起书香之桥，心手相连共克时艰；2021年，崇文小海燕与嘉兴实验、河北唐山的同学开展三校联谊，品读红色经典，用阅读庆祝党的生日；2022年，杭州萧山"牵手"四川康定，成了跨越山川、携手同行的伙伴。

而今年，2023年，在世界的瞩目下，杭州亚运会进入倒计时。华夏文化的魅力将在此绽放，团结拼搏的体育精神将在此展现。海内外的华夏儿女都对在自己家门口举办的亚运会充满了期待和祝福。

4月17日，崇文世纪城实验学校四（2）班的小海燕们，通过空中课堂，连线9000公里外的迪拜中国学校四（2）班的同学们，开展"空中共读一本书"活动。两校学生一起品读《西湖民间故事》，透过阅读"窗口"，品味杭州的传统文化与历史底蕴，共同迎接亚运盛会，让中国文化走向海外，让亚运文化深入人心。

杭州钟灵毓秀，先祖们留下了灿烂的历史文化。西湖边飘下的一片落叶，可能就藏着一个典故、一段传说，这就是让杭州人骄傲的文化底蕴。这些民间故事都被收录在了本次活动共读的书目《西湖民间故事》中。

活动前期，迪拜中国学校的孩子们收到了崇文老师传送的书籍电子稿。两校孩子投入地阅读，在民间故事中领略西湖不同寻常的风采，陶醉在明珠璀璨般的西湖里，徜徉在美好而传奇的故事中。孩子们从一个个名山、名水、名人传说中，认识杭州，认识西湖，了解历史。

世界读书日当天，一场借助云端的连接开始了！崇文世纪城实验学校的刘小钰老师和迪拜中国学校的徐海洋老师共同引领两校同学深入阅读《西湖民间故事》，破译西湖底蕴，穿越千年迎亚运。

《西湖民间故事》里收录了一大批名胜传说。迪拜中国学校的孩子们喜悦地分享了自己最爱的西湖景点。崇文世纪城的孩子们则化身小导游，带着海外的小伙伴们，一路从净慈寺、断桥、雷峰塔游至白堤，讲述西湖的前世今生，认识亚运吉祥物"莲莲"。

听过外文版的《西湖民间故事》吗？迪拜中国学校的孩子们用英文和法文带来了《钱王射潮》的故事，云端对面的孩子们聆听后惊奇且激动。

"这位同学讲得太棒了！亚运会会徽'潮涌'就是将潮水作为设计的核心。"陆烨楠同学满是共鸣。"希望有更多的中国民间故事能够以多样的形式传到世界的各个角落，让大家了解中国文化。"武琳童同学更是萌生出了许多期待。

课堂气氛在"西湖人物脸谱猜猜猜"中升到了高潮，孩子们你来我往，猜人物，讲故事，触摸杭州深厚的历史文化底蕴。

亚运的气息藏在西子湖中，亚运的烟火倒映在平湖秋月里，亚运的影子藏匿在断桥柳枝下。一本好书，将海内外的学子紧紧地联系在一起，共同触摸历史名城的文化底蕴，感受亚运城市的无限风采，增强民族文化的强烈认同感和自豪感！

故事23

携爱抗"疫",学不停步

那是个看起来再普通不过的冬天,孩子们在1月初放寒假,大家在准备着迎接新年的到来。起初只是新闻里说,武汉有一些不明原因肺炎发生,没有人会想到,疫情会突然而至。更无从预料,这一役,将持续三年之久。

很多年后,当孩子回想这一幕时,在危机四伏的日子里,一家人抱团取暖,相互体贴,相濡以沫,一起体会爱,一起约定,为社会、为更多的人付出更多的爱。这个约定,值得永远铭记。这段时光,值得永生珍藏。

这段温暖又坚定的话,是俞国娣校长在《名校长说》第一季"战'疫'进行时 停课不停学"的直播现场,声情并茂地为孩子和家长们朗诵的。这段话,也成为回首抗"疫"三年,我最想对崇文世纪城教师这样一个年轻而有担当的团队分享的。

▢ 一级响应:崇文铁军在行动

2020年1月23日,农历除夕前日,浙江启动重大公共突发卫生事件一级响应。疫情就是命令,时间就是生命!俞国娣校长带领崇文教育集团第一时间周密部署、硬核防控,确保教师离校不离教,学生停课不停学。

由俞校长总负责，集团成立了师德师风信息报道、师生报到预警、家庭教育干预、自主学习指导、后勤安保治理5个工作小组。

作为崇文世纪城的执行校长，我深刻认识到疫情的非常态和严重性，在集团的总部署下，迅速将世纪崇文行政团队进行分工，将每一位老师安排到合适的岗位，各司其职，高效且有序地推进着疫情下各条战线的工作。

防疫统计是各项工作里最枯燥、最烦琐，也是任务最重、最容不得一点差错的。集团通过钉钉成立"新型冠状病毒防控群"，四校区以班级为单位，开展疫情的监测、排查和预警；班主任每天10点前上报各班级疫情防控信息。每天的统计数据，背后是30多个班级，每个班级的背后又是30多个家庭。在那段时间里，崇文世纪城班主任每天都会盯着钉钉和微信上的班级群，及时提取家长上报的居家健康观测数据。为了保证每天数据及时上传，班主任还会定好闹钟，做好倒计时，及时电话联系每一户数据上传不及时的家庭，了解情况，做好登记。在面对疫情的种种未知之时，身为崇文人，老师们知道，非常时期，我们的防疫统计仔细一点、精准一点、细致一点，不可控事件发生的风险就降低一点。每一张报表、每一个数据背后，都是沉甸甸的责任，是对孩子们用心负责的守护。

同时，学校第一时间关注到学生的身心健康，组织教师精心设计了个人卫生、居家运动、居家劳动等领域的微课资源，通过"互联网+"模式，引导家长利用居家抗"疫"的时光和孩子进行高质量的家庭教育互动，陪伴孩子开展"自主学习"。

除了管理好集团和学校特殊时期的教育工作外，崇文世纪城还心系结对的贵州雷山掌雷小学，将精心设计的网课资源分享给结对学校，同

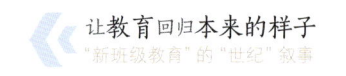

时邀请结对学校的教研组长参加崇文的网络教研，积极带动结对学校的教育发展。

◻ 战"疫"进行时，停课不停学

在这场突如其来的疫情面前，俞国娣校长反复强调："不把课本变成学生的世界，要把世界变成学生的教材，孩子们要在这本'教材'里获得感受爱的能力和付诸爱的行动。"

这一点，崇文的孩子们做到了！疫情降临后，他们第一时间给奔赴抗"疫"前线的爸爸妈妈写信，承诺自己在家会乖乖当好"大后方"；他们自己作曲写歌，为武汉呐喊加油；他们将自己的劳动义卖所得，通过社会捐款给祖国最需要的地方……

孩子们成长的背后，是老师们在特殊时期对教育本质的坚守。为阻断疫情向校园蔓延，确保师生生命安全和身体健康，教育部做出2020年春季学期延期开学的决定，并制定了利用网络平台，"停课不停学"的方针。各地学校纷纷响应，启动"网络课堂"，很多学校为了保证进度，还将书本免费邮寄给学生。崇文却从集团层面决定，给家长们发了一封《我们不做直播课，也不邮寄书本》的告家长书。

这个决定背后是俞国娣校长那份"每临大事须静心"的坚持！在做出这个决定之前，俞校长和我们几个执行校长、副校长，以及学校的中层和骨干教师进行了充分的论证，大家的意见出乎意料地一致。大家都认为在这场战"疫"中，我们的眼眶时时湿润：学养厚实的院士泰斗，亲临一线，如钟南山、李兰娟等老院士不辞辛劳几次飞赴武汉；驰援武汉冲锋陷阵的医生护士，多少感人事迹不尽言表；还有那些乐善好施的爱心人士、踏实工作的社区乡村工作人员、遵守规则的邻里乡亲，他们虽平凡却有着责任与担当。生活，已经给了我们最好的教材。

而不开网络直播课，原因有三。第一，小学生注意力集中时间短。直播，没法互动，成年人尚且做不到坐在电脑前心无旁骛、专心致志地听讲，更何况小学生？所以教了基本上等于白教，只会产生新的学困生。第二，网络直播技术问题。学校测试论证过，信号时有时无，画面有时间差，效果真的不尽如人意。老师讲得全情投入，学生听得支离破碎、云里雾里，到底伤了谁的心？第三，亲子关系问题。直播还要家长时时盯着，不把他们逼疯才怪。平时只要开启作业辅导模式，"母慈子孝"立刻消失殆尽，取而代之的是鸡飞狗跳，整个家鸡犬不宁。为了家庭和睦和谐，我们不主张让家长卷入学生的作业中，从不让家长在作业本上签名。疫情当前，更应如此！让家长安心做好家长的本职工作：家风建设，道德传承。

不直播，学生怎么学呢？老师录制视频，学科主任审核通过，发到空间让学生自主安排下载学习。选择易于网络视频学习的内容，不安排难懂的新课知识。在楼副校长牵头下，教导处陈通副主任、大队辅导员赵怡老师设计了丰富多彩的德育活动，学科老师们的视频课丰富有趣，老师们每天还会依次跟学生一对一连线，继续培养学生"善交往"的能力，养成"有天谈，会谈天"的良好品质和习惯。在疫情的种种不确定之下，崇文世纪城老师对孩子们跨越时间空间的关爱和守护责任是确定，更是坚定的。

在学校老师的影响之下，家长们与学校携手积极行动，率先垂范，引导孩子掌握防疫知识，科学安排作息，合理制订居家计划，控制好学生的学习时长，保护好视力。学校还引导家长跟孩子每天一起运动，一方面可以消化宅家太久的烦躁情绪，另一方面控制体重，增强体质；让

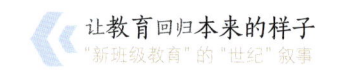

家长成为家政老师,给孩子上家政课,生活小事从叠被子开始,生活能力从烧菜做饭开始,居家劳动恰逢其时。

亲子相伴,家校相连,"老师和家长是命运共同体,也是责任共同体",崇文老师是这样说的,更是这样做的。

◻ 后疫情时代,防疫心连心

2020年3月2日,经省委常委会议研究决定,我省疫情防控应急响应等级从原来的一级调整为二级。复工复产复学,逐步展开。后疫情时代开启,防疫进入常态化阶段。

常态化防疫的措施包括限制出行中高风险区、限制聚集性活动、设置临时隔离区、储备防疫物资、落实防疫消杀、封闭校园管控、每日健康打卡和上报等。随着病毒传播力的增强,中高风险区的更新和人员排查是随时的,上报时间紧急,流程环环相扣,无论是放学后,还是周末,可亲可敬的崇文教师,只要有"任务",班主任们随时在线不分昼夜!这不仅是一种态度,更是一种责任。一份份在线表格、一通通电话、一次次群内的交流、教室内一张张测温表单、墙上一页页消杀记录,日复一日,无不体现着崇文世纪城教师的职业坚守,无愧于班主任岗位之责,守护每一名崇文小海燕的健康。

2022年3月,两年来面对病毒的被动防御局面终于被打破。教育局发文,统计首批志愿接种新冠疫苗的教职工名单。

我意识到这是化被动防疫为主动免疫的好时机,战胜病毒,需要每一位公民的积极响应和参与。作为领导者,我和楼校长带头,在开放接种的首日首先完成了新冠疫苗的接种,通过自己的实际行动传递积极信号,以榜样的力量,消除了师生对疫苗接种安全性的顾虑。

面对疫情，施一公先生说"一要尊重，尊重科学；二要独立，独立思考"，这也是崇文教师践行的理念。新冠疫苗推广接种期间，由于认知的差异，个别家长出于对孩子健康的担心，对疫苗这一新事物有顾虑，也会因一些道听途说、捕风捉影的流言而分外紧张。虽然是为孩子们健康获益的事，老师们从未简单粗暴去落实执行，仍然秉承尊重每一个个体的独立意志的前提，对每一个孩子负责的态度，一个个去宣传，取得家长的理解，再点对点落实。孩子们新冠疫苗的接种现场，更有每一位班主任的身影守护，接种后追踪每位孩子的接种反应情况并给予鼓励，允许大家有正常的观察和选择的过程。在自主自愿原则下，全校千余名师生，除去有接种禁忌的情况，完成了80%以上的疫苗接种率，形成了预防重症的校园免疫屏障。

信仰，它不是一阵风吹过或一场雨飘过，它是日复一日和世界和他人互动的底层逻辑，是根植于内心的坚守。崇文教师信仰，是老师们内心的光，也是老师们照亮周围身边，带给家长和孩子们的光和温暖！

Act 3 活跃的回旋

融合："新班级教育"的一段新征程

|2022年8月1日至今|

述评四 未来已来，共赴下一场"新班级教育"

2022年，是我国义务教育发展史上的一个新的里程碑。一开年，就有重大利好：至2021年底，全国所有县区均通过了国家义务教育基本均衡发展督导评估验收。学校也有喜报传来：杭州市崇文实验学校教育集团《"知·行·创"模式：高质量实施国家课程的小学实践》荣获2021年浙江省基础教育教学成果奖特等奖，为"新班级教育"探索历程画上了浓墨重彩的一笔。

2022年8月，世纪崇文根据中共中央办公厅、国务院办公厅《关于规范民办义务教育发展的意见》和省、市规范治理义务教育阶段"公参民"学校专项行动有关规定，转为公办学校，更名为"萧山区崇文世纪

学校承办各类区教研活动

城实验学校",以"新班级教育"全面助力萧山教育"美好教育"蓝图实现。

第一步,承办萧山区开发区片小学科学"聚焦深度学习,构建思维课堂"研讨活动。5月17日,研讨活动上,来自崇文世纪城的汤晓伟老师、阮鑫老师和滨江区东冠小学的沈亮亮老师各自呈现了妙趣横生的三堂教学展示课。教师们齐研共进,理念共享,切实提高小学科学教学工作的实效性,共同提升区域学科教学质量。此后,萧山区小学教导主任"教学与管理"研究共同体活动、萧山区1~3年级小学数学教研组长培训活动、萧山·安吉小学科学"思维课堂"教学研讨联谊活动、萧山区"馆校共建"综合实践活动主题研讨会、萧山区中小学生人文素养和阅读素养研讨会、萧山区小学道德与法治素养导向课堂教学研讨暨钱江片学科专家工作站活动、"让爱回家"萧山区家庭教育协同赋能主题活动等研讨不断

崇文世纪城少先队鼓乐队和队员代表亮相区少代会

2022新加盟教师培训

在世纪崇文登场，助力萧山高品质教育的优质均衡发展。

6月，崇文世纪城少先队鼓乐队亮相萧山区少代会，作为大会唯一指定的迎宾鼓乐队，圆满完成演出任务，展现了崇文海燕团结进取、朝气蓬勃的精神面貌。

少代会期间，三（2）班中队李政阳作为崇文世纪城少先队员代表参与本次大会，向大会提交了自己的提案《智慧红绿灯，文明迎亚运》；四（5）班中队卢欣逸、四（2）班中队裘晗玥作为《萧山日报》小记者特邀代表，参与少代会的采访工作；学校大队辅导员赵怡老师荣获萧山区"十佳辅导员"称号。

暑假，新加盟的小海燕和爸爸妈妈一起来探校；新加盟的世纪城教师和崇文集团所有教师一起开展培训，快速融入崇文大家庭。

作为崇文新加盟者的第一课，崇文教育集团党委书记、校长俞国娣为大家讲述了崇文愿景，以及如何践行崇文理念，勉励公办崇文努力融入萧山本土文化，争当"桥头堡"学校，继续民办崇文的精彩。

8月29日，崇文世纪城实验学校2022学年第一次全体教师大会在世纪讲坛隆重举行。会议由楼说行副校长主持，全体教师参加。我向大会做"筑梦新起点　奋进创未来"的主题报告，报告指出：新学年，学校转为公办学校，又一次站在了发展的新起点上。在学校"民转公"的历史时刻，崇文人要有"归零"心态，以起跑的姿态激发动力、保持活力，自信地面对新变化，积极地迎接新挑战。力争在未来三年，将学校打造成全省一流、国内领先的公办学校！

前路是星辰大海，前行时传承依旧。2022年9月1日，小海燕们整装待发，重返校园，开启新征程。9月2日，清风送爽，鼓声阵阵。"公办崇文"的第一届小海燕如以往的每一届小海燕一样，在五、六年级学长学姐"大手拉小手"的带领下，游览校园，了解校史，并一同前往曲院风荷寻访崇文书院旧址。

牵手同行，温暖一路陪伴；崇文尚德，海燕展翅翱翔。他们走过活力运动的夏天，走过"艺"彩纷呈的秋天；为迎接党的二十大歌唱祖国，也为庆祝崇文教育的20岁生日，唱响钱塘江两岸。

2022级新生入学

"崇文教育"20年庆

　　10月28日晚，沿江2.3公里巨幅画卷徐徐展开，黄与蓝的交替，光和影的斑驳，传递了对"崇文教育，廿年华章"的无限祝福，诠释了"新班级教育点亮童年"的赤诚初心。

　　星光不负赶路人。世纪崇文恪守"新班级教育"初心，在重构学习时空、实现课程融创、创新教学组织、开发多元评价、满足学生差异个性化需求的道路上，越走越宽，越走越远，奔赴未来。

　　2023年，崇文世纪城实验学校创校五年。为持续推进"美好教育"共同富裕，促进基础教育优质均衡发展，杭州市崇文教育集团受临安区教育局委托，与中国传媒大学附属临安小学牵手，成立城乡教育共同体。6月13日，签约仪式在杭州市萧山区崇文世纪城实验学校举行。

　　美好教育，再进一步。

杭州市崇文教育集团与中国传媒大学附属临安小学成立城乡教育共同体，谭鹏飞校长代表集团发言

故事24

平稳"转公"，保持先进

2022年开春，根据两办《关于规范民办义务教育发展的意见》、教育部等八部门《关于规范公办学校举办或者参与举办民办义务教育学校的通知》和《浙江省规范民办义务教育发展专项工作实施方案》《浙江省规范治理"公参民"学校专项行动方案》精神，杭州市规范民办义务教育发展工作全面启动，重点开展规范治理"公参民"学校专项行动。

处于风暴中心的崇文世纪城，必须做出选择。继续举办民办，学校经过四年办学，已经积累了良好的口碑和教学管理经验，应该不是难事，但重起炉灶，势必提高入学门槛。转为公办，人员经费都将出现缺口，困难不少，但学生能免学费入学，更多新城市居民能受惠。

两相权衡，学校理事会商议决定，"转公"！"既然政策要求我们这么做，时代需要我们这么做，那就顺势而为，按这个方向好好做！"俞国娣校长一锤定音，并给我们提出了两个要求：第一，平稳"转公"；第二，保持先进。

平稳"转公"，确保两个稳定

在学校理事会做出"转公"的决定后，我便和俞校长一起评判了学校转为公办的各项风险点，并有针对性地制订了学校规范发展的实施方案。

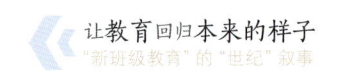

平稳"转公",稳是关键。学校转为公办,最不稳定的因素主要有二,一是家长,一是教师。家长关心的是学校的办学品质能否保持不变,教师忧虑的则是自己的生计出路。教师队伍不稳定,学校的办学品质就很难保持稳定。因此,求稳的关键,在教师。

思考良久,我在《杭州市崇文世纪城实验学校规范发展实施方案》的"稳定教师队伍,确保教育质量"实施办法下用红笔画了两条线,并郑重地写下一句批注:

"第一年务必稳定:所有教师都留住!"

为此,我和学校分管人事的杨老师,多次前往上城区教育局、萧山区教育局要政策,要支持。尤其原来上城在编教师21人中,有3人为校级干部,7人为中层干部,其余11人为年级组长、教研组长、学科组长,其中12人拥有杭州市教坛新秀及以上荣誉,可以说是骨干中的骨干。萧山教育局非常重视,在我和俞校长的陪同下,带领人事科长等,特意到上城区教育局,恳请项海刚局长,让这些老师自主选择,回上城还是回萧山。项局长充分考虑到学校"民转公"期间的特殊性,一口答应,并表示,不管这些老师是否回上城任教,同意继续在崇文世纪城留任一年,这让我们喜出望外。超乎寻常的顺利背后,要归功于俞校长前期的充分协调和沟通。

这21位上城编制教师,住在主城区,孩子也基本在主城区入学,知道教育局长的表态后,均表示愿意继续留任一年。特别让人感动的是,有10名教师,克服自身的种种困难,毅然从上城区调入萧山区。要知道,这10名教师,都已年过四十,甚至有的已经年过半百,在老上城都有一定的知名度。比如翁秀萍老师,1970年出生,原天长小学的数学教研大组长,是数学教学的行家里手,也是著名的竞赛教练,连天长楼朝辉校长都尊称她为"翁姐姐",丝毫没有考虑萧山待遇比上城待遇低,我和俞校长也没有任何动员,就这样悄悄地自觉自愿地留了下来。其他老师同样也是如此,我想这些老师已经和崇文世纪城血脉相连。

在学校和萧山教育局的积极斡旋下,编制数从最早的40个左右,到最后给足到92个编制,采取一次考核,一次进编。若考核没通过不能进编的,在过渡期间,作为合同制教师继续聘用,与在编教师同工同酬。

协商的过程异常艰难,所幸结果令人满意。其间,俞校长的一句话时时激励着我:"作为校长,我除了要保护好我们的孩子,也要保护好我们的老师,让他们有职业的尊严,有安定的岗位,为他们创造一个好环境。"

教师留下来的问题解决了,我们也有了底气去面对家长。其中,家委会的态度非常关键。7月4日下午,我们召开了家委会会议。家长们提出了种种对于学校转公办后会出现的变化的焦虑。我和俞校长一一给家长做了解释。最后,我代表学校表态:"转公"后学校保持品牌不变、办学品质不变,保持学生班额稳定、课程稳定、校园生活品质稳定、学校师资管理团队稳定。同时,也希望家委会协助学校,做好家长的宣传工作,与学校携手,平稳度过转型期。家委们吃了定心丸,纷纷表示支持政府"民转公"的决定。后面,又召开了全体家长会议,当全体家长确认"转公"的崇文世纪城保持品牌不变、办学品质不变,且完全不用收取学费时,纷纷鼓掌表示认可和欢迎,一场极有可能引发危机的事件得到了圆满的解决。

8月10日,萧山区委区政府、区教育局及相关部门一起,召开了学校"民转公"工作专班会议。会上,我向与会领导提交了学校慎重编制的《杭州市崇文世纪城实验学校规范发展实施方案》,经会议讨论实

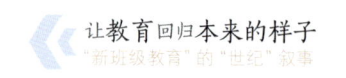

施。学校转公办尘埃落定，各项工作有序开展起来。

保持先进，从队伍建设开始

2022年暑假，极其忙碌。非编教师考编，对没入编教师的安抚等一系列工作完成，人员初定，离开学的日子已不足半月。8月16日至8月21日，学校计划开展当年新加盟教师培训，而教师工作安排、家访、新生工作也需要在此时期完成，显然人员吃紧。作为世纪城的科研室主任，谢莹老师责无旁贷地承担起这一次新加盟教师培训工作。

谢老师并没有因为时间紧而降低标准，一边制订培训计划，一边摸排本次参与培训的新教师情况，以期做到培训的有效性。由于这次招聘是由区教育局组织专家进行的，和民办崇文自主招聘完全不同，可谓"盲婚哑嫁"：我们一点也不了解老师，老师大概率对学校的理念、工作方式也了解不多。而且，这次新入职的教师中，有很大一部分是原先在各个公办学校任教的非编教师，教龄参差不齐，所接受的学校文化与教学基本要求也不尽相同，这也给本就时间紧、任务重的新入职教师增加了难度。

谢老师先让学员们写工作简历和个人自传，快速收获第一手资料，并对新教师的情况逐一进行分析、分类。然后，与教学副校长楼说行商量，决定培训全程采用参与式培训，强化团队建设，促使大家尽快互相熟悉，对学校产生归属感。

团队建设课程是此次培训的重头，从中我们可以窥斑见豹，看到整个培训安排的精细与分量。

- 每天早晚分组轮流组织"团队游戏"课和"围圈分享"，留出小组分享与反思的时间。

- Day 1 破冰之旅：活动中，首先以"棕熊问候"自我介绍，讨论"班级公约"，完成随机的四人小组组建，确定小组名、制定小组规则等，经历与体验崇文惯有的小组合作学习以及小组评价等。对最后半天的"崇文印记"学习成果展示策划做出预告，并需要完成小组任务计划单填写。
- Day 4 世界咖啡屋：作为培训中期的反馈交流，需要完成以下两项主题讨论——我们的"我眼中的崇文"成果展示策划推进情况、我的崇文素材仓库收集情况的交流反馈。
- Day 6 学习展示：通过每天不断推进一点点，每个组确定了自己的展示时间，最后的半日展示以一张简单的节目顺序单作为资料。

以上团队建设课程，都是由谢老师一个人组织完成的。此外，她还要负责培训合作学习的相关课程，协调其他培训课程的导师们按时到岗，批改学员每天的手账作业……每天从早上8:00到晚上8:00，谢老师都和学员们学在一起，家里两个6岁的双胞胎女儿，显然是顾不上了。

我每次见到她，都要说一句辛苦了，她总用一贯的淡定，笑眯眯回答："还好吧！感觉大家都很投入，进步挺大的。"

我一下子想起来，之前新教师们说，谢老师像他们的班主任。而在这一次的培训方案的目标中，谢老师写道："关注新加盟教师情绪、心理，做好破冰、团建课程的辅导与带领，有助于建立安全感，也能促使学员教师从体验中学会崇文相关课程的指导方法。"

崇文的课程理念是"交往·唤醒·实践"，我们希望学生能发挥自己的主体性去学习，在与他人平等交流和合作的氛围下，唤起孩子们的学习潜能，提高孩子们解决问题的意识和能力。这就决定了在崇文，很多时候我们都会用到"参与式方法"。作为崇文教师，要有组织"参与式学习"这一方式的能力。怎么才能培训他们拥有这一能力呢？亲身体验过"相互尊重、平等交流、共同生活"是什么样子，他们才有可能在自己的生活和工作中创生类似的环境和氛围。

谢老师精心设计的培训课程，无论培训手账的设计与使用、团队建设课程的实施，都让学员们在参与中学习与行动。在培训结束后的学员调查中，各项课程培训有效性都在70%~85%之间，显示了用参与式学习来学习"参与式方法"的有效性。

随着学校推进时空重构、2022版新课程标准提出10%的跨学科课程设计，谢老师尝试在1~3年期青年教师的崇文书院读书会课程中进行"嵌入式"选修课程，设计了不同模块课程，供老师们学习与体验：选择性、个性化学习，定制课程，全科教师素养的锤炼，项目化学习，跨学科课程设计……课程内容与设计有老师们的意见建议参与在。如，基于上学期期末的建议，这学期就增加了校外实践课程：场馆学习和科学探究课程，效果如何有待实践。要让老师在定制与选择中体验，才会知道如何为学生提供这样的课程。

看着谢老师办公室与案头的书籍杂志，看她基于科学理论，基于实际需求，多方征求意见与讨论，注意评估反思、总结效果、不断求索地进行教师培训工作，我为身边有这样一位迎接变化、独立思考、不断探索的同事而受到鼓舞。有这样的同伴，有这样的团队，对崇文世纪城保持先进，我充满底气与勇气。

故事25

团队的夏天

2022年暑假,学校完成"民转公"的体制调整,进入公办学校发展的快车道。而这对学校非编老师来说,要和学校一起快速发展,首先需要通过教师编制考试这一严格的关卡。这个夏天,崇文世纪城的96名非编教师,要和全区七八百名非编教师一起,竞争90余个萧山区公办教师编制。竞争激烈程度,堪比高考。

整个暑假,崇文世纪城仿佛变成了高三校园,大家一起奋斗在学校各个教室,或以学科为单位,或以年级组为单位组建备考学习小组,进行着考编的冲刺。

▢ "田教授"的考编小组

"田老师,你怎么打算的啊?"听闻这句话,休息室其他教师也都把目光投向田老师。

"考肯定是得考,就是这无从下手啊……"

"我觉得这时候准备怕不是有点儿晚了,反正珍惜后面时间吧,复习多少算多少……"

"这考试一个正经大纲都没有,想复习都不知道复习什么,真让人头疼……"

"再说吧,不一定考上呢,如果许多老师没考上,学生可怎么办啊……"

问及备考打算,大家七嘴八舌说着,都突显着内心的焦灼。田老师听着,也不得不认同其中有些话。考编,对这些老师来说,是第一次,没有参考经验,无从借鉴,着实让人有些束手无策。而且,这次"民转公"的考编,竞争压力大,这次考试同时支持外校报名,他们作为本校的老师,也没有优势,都是同一个起点。

"费老师,听说您备考开始得比较早,厚颜向您讨点儿经验?"简单寒暄后,田老师想到令她头疼的考编,想找个人听听建议,何况这个人还是有名的"大佬",在信息技术上钻研很深入,在"民转公"的学习和备考上也是花费了不少心思。

"唉,经验谈不上,我虽然是早就开始了复习,本打算每天抽时间学一点儿,当时觉得来得及,结果现在发现进度太慢,我也正苦恼呢。"说话的是费老师,他平时最是乐观健谈,可谈及备考一事,也有些苦闷。

"哎,田老师,我记得您研究生学的是教育学吧?方便请教你一些问题吗?"身后传来马老师的声音。

"是的,我学习过这项课程,请教谈不上,有空了我们一起看看……"说话间,田老师突然想到,人多力量大,团队作战或许比单独用功效率来得更高些。

"团队作战?可以啊,我来组织个考编小队呗,邀请想一起的老师!"科学老师吴老师是天生的行动派,在听了田老师的想法后,立马付诸实践,召集了有意向的老师,组成了一个考编小组,费老师和马老师都在其中。

"就得这样,大家齐心协力,共同备战,互相鼓励,肯定能'上岸'！"朱老师也加入了考编小组，十分激动，她身怀六甲承受着身体的负担还要顾及着备考，有时候难免心力交瘁，有人陪伴一起学习，对她来说也是一种鼓舞，能让她坚持得更久。

"小田老师，就用我的109教室，我就当小组的'管家'，让大家吃好喝好，以更好的状态备考！"细心有爱的吴老师的主动承担，让这个小组更加完整。

就这样，考编小组正式成立，备考如火如荼地进行着。

这个夏天，这群人的心往一处凝，力往一处使，是教师勇敢追梦最好的模样，也是面临挑战最好的榜样。

"田教授，帮帮我，我要被这段理论弄崩溃了……"马老师稍显委屈的声音传来。作为美术老师，她所报的科目只有她一人，大家都认为她的压力不算大，可以适当放松下，可她从不敢掉以轻心，每日以最饱满最认真的状态和大家一起备考，还坚持要啃下教育心理学的高难度理论。她说，其实在她心中"上岸"并不是唯一目的，她更想借着这次备考好好提升自己的能力，因为她想让学校的美术教育能够在她的努力下有一些"新模样"。

确实，朝夕备考间，大家从别人身上发现了不少优点，也从自己身上看出了不足。渐渐地，大家都不再纠结于考中概率大小、难易程度，而是抓住机会就学习，抓住困难就克服，大家的心里都朝着一个目标努力——让自己更优秀，让学校更优质，让教育更优化。

"你别这么叫我，我实在惭愧，我们都是并肩作战的伙伴，只要能为你们做一点事情，我就很开心了，来我们一起看……""田教授"的绰号是小组成员们一块给田老师起的名字。作为系统学习过教育学和教育心理学的老师，在共同备考中田老师主动承担为其他老师讲解知识和答疑的工作。为了让大家一起"上岸",田老师还留出时间坚持整理易错题和易考题,打算在临考前夕送给大家。田老师的付出大家都看在眼中,"教授"这个称号既是对她专业能力的肯定,也是对她付出的感谢。

"等会儿学完这个理论,跟我去锻炼会儿?"看着被理论折磨的吴老师,朱老师想让她放松下。作为普拉提爱好者,朱老师一直向大家安利坚持锻炼的重要性。而她喜欢劳逸结合的个性也让她成为团队的"智慧大脑",不仅能将复杂的理论和法条梳理成清晰的可视化的笔记,在面对快速和突然的提问时,她也能迅速反应过来,将正确答案脱口而出。大家都敬佩不已,这可还是一位孕妈妈呀!

"是啊,一直学要把人学晕啦,吃点水果吧。"说话的是热心肠吴老师,她真正发挥了"大管家"的核心作用,不仅照顾着大家的饮食,给大家带水果,天气变换还会关心大家的冷暖。而正是她无微不至的关心,让大家即使在备考期间,身体上也得到了很好的照顾。

"我今天新理解了一个理论……"费老师夹杂着萧山口音为大家讲述"艾宾浩斯遗忘曲线",他的语调有趣极了,他的幽默给每日枯燥的备考带来了无限的欢乐。

这个夏天,虽然大家没有享受到假期,但是享受到了团队合作的愉快、陪伴学习的欢乐、并肩作战的畅意、努力向上的喜悦,而最终,他们的齐心协力换来了最好的结果。

不是一个人在战斗

在学校里,专业且经验丰富的学科教师众多,这对非师范专业的贺老师来说,是个极大的挑战,也给了她很大的压力。深知自己面临着巨大的挑战，虽然贺老师考编目标明确，但竞争综合实践学科教师名额，也让她曾怀疑自己是否能胜任这份工作，对考编的内容和形式感到困惑。

然而，崇文世纪城的老师们毫不犹豫地向她展现了同伴的力量，给予了她鼓励和支持。同事们不仅口头上支持她，还主动提供了大量学习资料。

人事专家、办公室主任杨帆老师给她分享多年来的面试经历，分享经验和技巧；党支委委员马亚丹老师耐心地解答她的问题，谈心谈话舒缓焦虑；年级组学科组长徐聪老师帮助她梳理考试的内容和要点，分析考试方向；大队辅导员赵怡老师帮助她试讲，理顺重难点，指出不足；作为综合实践学科组长的庄锋迪老师，更是向她分享研究成果、论文、微课视频，让她更深入地了解相关专业知识。

此外，音乐、科学、信息、语文等学科的年轻老师们更是拧成一股绳，组建考编冲刺小组，给她分享小组整理的资料。这些资料的分享无疑给她的考编之路提供了巨大帮助和支持，让她能系统地复习和学习。

尽管在考编过程中，她仍然感到紧张和焦虑，但她没有放弃。她努力利用同事们提供的资料进行自主学习，并经常与他们讨论问题，她一遍遍地试讲，让自己对讲台不那么陌生紧张。在复习阶段，她结合同事们的经验和指导，有针对性地备考，不断调整学习方法和策略。她深知要想在考试中取得好成绩，光靠同事们的帮助还不够，自己的努力也是关键。于是，她每天都制订详细的学习计划，按部就班地进行学习。她在晚上熬夜背书刷题，白天利用工作间隙进行复习。她还积极寻找模拟题和真题进行练习，不断检验自己的知识掌握程度。她知道只有通过不断的实践和反复的练习，才能真正掌握所学知识。

当然在备考期间，她也遇到了一些挫折和困难。有时候，她会遇到一些难以理解的概念；有时候，她会感到压力和焦虑。然而，每当她遇到困难的时候，同事们总是在第一时间给予她鼓励和支持，学校也组织大家一起开了场动员会，鼓励大家坚持下去，困难只是暂时的，只要心中有崇文教师信仰，脚下有力量，就一定能够克服困难。

终于，她迎来了考试的日子。她紧张而兴奋地与同事们一起走进考场，背后是学校的期望和祝福。她在考试中全力以赴，发挥出自己的最佳水平。考试结束后，她感到既满足又紧张，因为她知道自己已经付出了全部的努力，她始终不是一个人在战斗。

等待成绩公布的日子仿佛过得特别漫长。等到了面试成绩公布，她又继续等待着笔试成绩，她时刻关注着成绩的发布，每一次刷新都让她心跳加速。终于，在一个晴朗的日子，她收到了通知——成功通过了考编！她感到欣慰而兴奋，她的努力和同事们的帮助紧密相连，为她的成功铺就了道路。

同样不是一个人在战斗的，还有科学组的四位老师。为了保证组里面的老师们都能成功上岸，作为组长的李老师第一时间联系导师陈曦特级教师，希望导师能对组里面的老师们进行指导，于是科学组老师们便有了一次专属于他们的个性定制特训。陈特以她多年来担任专家评委的经验对老师们进行了细致指导，还现场抽选了四节课让老师们现场准备10分钟再进行8分钟的模拟上课。老师们都非常认真地准备，每一位老师就像在进行现场面试一样在阐述着自己的上课内容，陈特每听完一位老师的模拟上课，都会请现场的其他三位老师先进行点评，然后再进行总结，这样一来每位老师都相当于进行了四节课的备课。在培训结束后，陈特还不忘给老师们加油打气。备课过程中，陈特也会时不时地发来关心的信息，给足了老师们信心。终于在学科组老师们自身的努力和陈特的殷切关爱下，科学组四位老师成功考进编制，成为世纪城校区的在编老师。

单刀赴会尚须孤勇，并肩作战则不畏险。人们常说，一粒种子，只有深深植根于沃土中，才有生机无限；而一名成员，要置身于团队拼搏氛围中，才能蓬勃向上。当每一股溪流汇聚时，便能形成汪洋大海；当每一次能力聚集时，便能爆发最强能量。我为他们骄傲，为崇文世纪城团队骄傲！

故事26

与同伴携手共进

2022年8月，新的一年级组成立了，这是一个崭新的团队，也是"民转公"后第一届一年级。20名教师中有不少新加盟教师和年轻教师，学校的各项工作对她们来说都是陌生的。恰逢学校转型，如何在短期内规范老师们的工作要求，提高工作质量，让团队快速成长起来？年级组长郑玲雅老师有个秘密武器——与同伴携手共进。

▫ 脚踏实地，坚守岗位"不停歇"

2022年8月，学校完成了"民转公"的转型，迎来了崇文史上班级数以及人数最多的班级。8月22日，学校正式开启一年级新生的入学工作。一年级组顺利完成"组阁"，各班班主任也拿到了各班的学生名单。年级组教导会议召开后，班主任们一一致电家长，告知开学相关事宜，预约家访的时间，组建班级钉钉群。家访之前，老师们认真设计相应的问题，预设家长可能关心的问题，制定一份家访预约表，化身成一名"路线规划师"，开始了紧锣密鼓的家访，力争开学前全员家访完毕。每一次的家访时间虽短，但都是和家长们进行的一次思维碰撞，一次真诚的双向发声和彼此倾听。教育是用一片树叶摇动另一片树叶，家访是一颗心感动另一颗心，老师们步履不停，只为那一颗炙热的初心。

开学前的一周是老师们最忙碌的一周，也是对老师们考验最大的一周。老师们不仅要完成36户的家访工作，还需要见缝插针地完成教室的布置。

一草一木皆传情，一墙一壁皆育人。教室是教师和孩子们教学相长的地方，打造一间幸福、独特、有温度的教室，对于孩子们的学习和成长有着别样的意义。虽然时间仓促，但是老师们依旧全力以赴，用心布置教室。面对布置工程量巨大的教室，老师们争分夺秒，我们总是能看见老师们疾步走、进进出出的身影。瞧！老师们抱着快递从南门进来，一边走一边讨论今天的时间安排。教室里，桌面上有各种颜色各种尺寸的彩纸、泡沫纸、美工刀、双面胶，地上有不断垂落的纸屑，老师们拿着剪刀进行创造性的设计和天马行空的发挥。她们拿着手中新鲜出炉的作品，对照着墙面比画着，探讨如何设计得更加有教育价值，努力实现"让每一面墙都会说话"。手机铃声突然响起，老师们关掉闹钟，关掉电灯，出去家访。到了夜深人静的时候，一间间教室又会亮起来，老师们的身影又会出现在窗前。每一位老师都是如此尽心尽责，竭尽所能地为学生创造一个最舒适的学习环境。

谢霞淼老师和周露洁老师所在的教室是由美术教室改造而成的，教室使用面积非常大，教室布置成了一件令人头疼的事。她们不惧挑战，认真讨论每个板块的设计，利用家访的空隙时间和休息时间用心布置。她们还曾加班到凌晨三四点，勠力同心，从无到有，打造了一间精致又具有生命力的教室，期望每个孩子都能做一颗有生命力的种子，期望所有人都能聆听生命拔节的声音，关注学生的成长变化。她们只是老师们的一个缩影，一年级组的老师们是一群有向心力、战斗力和教育情怀的人。她们用自己的实际行动诠释师爱，践行担当，在互帮互助中完美地完成了开学前的所有工作。

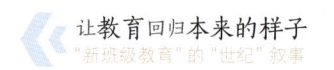

和合共生聚力量，潜心日常踏实行。崇文一年级组的老师们爱校、爱岗、敬业，尽心竭力付出。她们团结协作，乐于沟通，对教育事业充满热忱，始终相信一群人才能走得更远。

□ **抱团研究，主题活动齐开发**

2022年12月，学校开始依托"读懂"网络平台开发主题活动，一年级组率先进行了尝试。面对全新的系统，老师们需要重新开始学习。全组老师统一接受培训，全面了解"读懂"的网络架构和设计功能。郑玲雅老师回忆第一次培训情景时说："当我们第一次坐在工程师面前听讲时，真可以说是一个头两个大——小雨老师一边用鼠标不断点击介绍着各个页面的功能，一边来回切换，口若悬河。庞杂的系统功能让我们觉得信息量很大，尽管使劲儿听，但没有经过实操，难免觉得无从下手。"于是，一年级组决定立即和实操无缝对接，学用融合。

为了让团队里的每一位老师了解系统，每次主题活动开始前，年级组必定开会商讨，解读细则，让每一位老师都参与到活动中去，和孩子们共同体验，保证活动有序、有效。在开发"面具的故事"主题活动时，郑玲雅老师先后组织了三次年级组教导会议讨论，修改活动方案，精心制作多媒体课件，认真设计海报，布置环境，思考如何落实跨学科学习，如何让孩子从学习面具知识提升到绘制面具的实践，最后升华为创作面具，尝试学校"知行创"学习模式。

当时，正在筹备的就是"面具的故事"这一主题，于是一年级组便开始了线上开发、线下实施、发现问题、优化系统的实施模式，短期内每位教师都能快速上手，规范操作。翁夏初老师因为信息技术水平较高，主动承担起了答疑解惑的工作，帮助团队里的老师解决一些技术上的问题，谢霞淼老师也会主动在钉钉群里分享自己的疑惑，其他老师知无不言。在开始主题学习活动的那段时间，经常能够看到老师们聚在一起讨论的场景，寻求团队的帮助，这也让整个一年级组凝聚在一起。一个人走得很快，但是一群人则可以走得很远。不负众望，最终"面具的故事"也成为全校第一个电子化活动样板，为寒假期间的学校主题学习集中备课提供了参考范式。一年来，年级组不折不扣，一共组织了"火车之旅""有灵的生命""父爱，用心诉说"等八次主题活动，靠的正是默契协作和共同奋斗。

在实施的过程中，老师们既是组织者又是学习者，年级组长严格把关各个板块的实施，老师们精益求精，包括任务说明、前置准备、花絮和作品的甄选等等，无不细致入微，无论是设计、录入、评价还是上传成果，全年级每个班卷入式参与，组长充分利用后台指导实施。就拿活动花絮来说，老师们首先都保证充分记录每一名学生、每一项子任务的活动表现，并加以整理；接着会精选和上传最精彩的瞬间作为班级、年级的活动花絮，以供后面组织该活动的老师参考；最后还会挑选出最具代表性的环境布置、场景设置和活动成果，生成短视频作为优秀作品对外发布……往往一次活动，来来回回审查数次才完结，这是很平常的事。实践出真知，可以说年级组里的每一位教师在提高了技能的同时也加深了对主题活动的认识和理解。

同时，主题活动推动和加快了整个年级组的科研脚步。除了八次大型活动外，他们也在语文、数学学科组里开展了"手套""认识人民币"等学科内的主题活动，对三种类型主题活动的思考和研究持续进行中。同时，在原有主题的基础上，还开发了新的主题活动，比如结合"阅读时光"和春游，开发了"有灵的生命"，更新了课程模板。平时，老师们保持和"读懂"平台工程师们的频繁交流，经常向工程师们提出试用过程中发现的各类bug以及新要求。由于每个主题的独特性，还常常提出一些特殊的设计要求，尽管很麻烦，但在不断的沟通和试用中，最终都能妥善解决，各项新的功能也在老师们"挑剔"的要求下应运而生，平台不断更新，趋于完善。此外，一年级组老师还协助平台拍摄宣传视频，录制课堂教学等，比肩同行，合作十分愉快。

通过一年主题活动的抱团实施，老师们的成长有目共睹。八次主题活动的完整实施，促进了组内教师对主题活动的认识和理解、设计和实施，并且熟练掌握了实施流程，尤其是14位年轻教师，基本具备了独立实施主题活动的能力。在实施的过程中，同时也优化了"读懂"平台的设计。

现在，主题活动已成为一年级的特色工作。在学校的重大接待活动中，通过主题活动展示了学校的办学特色，用生动活泼的形式诠释课程理念，比如学期初，鄂尔多斯考察团一行莅临我校参观学习，正逢年级组开展"火车之旅"，小海燕们在现场模拟购票、候车、检票上车，走班开展"阅读之旅""科技之旅""音乐之旅"，给参观团留下了深刻印象，收获不少赞誉。

与同伴携手共进，我们将走得更稳、更远。

集体备课，亦师亦友同进步

青春是学习的季节，是奋斗的岁月。

同年12月，还有一项活动正在如火如荼地开展，那就是崇文的老传统——纪念"一二·九"青年教师赛课活动。11月28日，历时近一个月的"一二·九"赛课正式拉开序幕，每位青年教师都用自己的风格演绎最好的课堂，或抑扬顿挫、龙飞凤舞，或娓娓道来、舒缓温柔。孩子们专注的眼神给予老师自信与力量，评委们走心的点评给予青年教师努力的方向。在教师专业发展的道路上，我们一路奔跑，一路欢歌，一路采撷思维绽放的硕果。从准备到正式上课，为期一个多月，崇文青年教师不遗余力，全力以赴，用精彩的课堂展现自我。一次经历，一次收获。赛课是一次磨炼，更是一次成长。青年教师回忆起自己的赛课经历，无不表达了对师父和同伴的感谢之情，用亲身经历诠释"我们崇尚与同伴携手共进"。是的，在青年教师奋斗的同时，还有一批人坚守在他们背后。

在参赛老师设计教学环节的同时，年级组里的老师们也集思广益、群策群力，为参赛老师巧设突破教学难点的方法，不断地完善每个环节内容，助力参赛教师参赛。参赛路上，大家一起砥砺前行，力争一人赛课，团体互教共研同成长。

"一二·九"赛课，三年期青年期，是提前一天在所任教的年级学科随机抽一节课，让老师用一天的时间准备教案、课件、教具、学具，非常考验老师的基本功。这一年，三年期的谢霞淼老师抽到了课题"认识平面图形"。这是一年级下册的一节新课，同时作为图形与几何领域的学习内容，需要用到大量的学具丰富学生的体验，光是准备材料就需要耗费巨大的精力，更别说是准备好一节精彩的课了。这对一个人来说是很困难的，但是如果是一个团队共同承担，所有的问题都会不攻自破。拿到题目后，谢老师马上就在学科组钉钉群里把抽到的课题告诉了大家。没过多久，群里就热闹了起来，大家你一言我一语，献计献策，各抒己见。大家一起搜集相关的资料，形成教学的资源库，全程参与直到谢霞淼老师完成比赛。"这节课我有一点资料，待会儿整理一下发给你。""学具你定下来之后让我来做，我来帮你打印。""打印出来剪剪还需要时间，到时候我来一起剪吧。""加我一个，我也来剪！""淼淼，你放心备教案，课件优化交给我来。""材料到我教室来拿。"一句句话像一颗定心丸落在谢老师心里，她知道，团队的帮助会让她大大地加快准备课的效率，这简直是如虎添翼。

不仅如此，谢霞淼的师父朱蕾老师马上根据课的特点为谢霞淼进行了详细的指导。在进行了模拟说课和上课之后，朱蕾老师清晰且明确地提出针对性的建议：应当针对学生情况准备好对应的教学用具；板书设计要突出本节课的核心问题；适当使用手势，保持仪态大方；注意教学环节过渡语的衔接；对学生的评价语言要多元化。谢老师在基础上认真分析学情，精准制定教学目标。结合学生的实际生活，创设真实情境，激发学生的学习兴趣；从探究到归纳，帮助学生梳理结构化知识；强调学生体验，于真实情境中理解与运用。

半天后，课的大体方向确定下来，着手准备学具和教具。放学后，数学老师们又不约而同地聚集在教师研修室。那天晚上，研修室灯火通明。在一年级组，像这样的故事还有很多，数学组的故事只是冰山一角，但是所有的故事都表达了"我"们是"我们"。

"积力之所举，则无不胜也；众智之所为，则无不成也。"一群志同道合的人，一起奔跑在理想的路上，回头有一路的故事，低头有坚定的脚步，抬头有清晰的远方。她们会在教育这一方舞台上努力追寻，不断前行！

故事27

"萧山第一"群

"萧山区六年级抽测各项数据指标第一!"

当我把编辑好的喜讯发到"萧山第一"群里的时候,微信群里一片沸腾。

几个月来的辛苦化成了喜悦,大家都在群里尽情抒发激动的心情。的确,在学校"民转公"的第一年,能交出这样一份令人满意的答卷,值得庆贺。这个故事还得从半年前说起。

成立项目组

12月的一次行政会,学校全体行政人员在会议室讨论《萧山区义务段、幼儿园年度考核方案》,在"五育并举"这个板块,教学质量的占比很高,有24分。以往由于使用教材不一致,学校没有参加过萧山区的抽测。但办学已然五年,学校又是"民转公"的第一年,如何让家长觉得学校教学品质没变,教学质量一定得拿出来"晒一晒"。通过讨论,学校全体行政人员一致决定,这届六年级毕业生要参加萧山区统测,我们用数据说话,体现崇文的办学水准。

光有决定可不行,需要有行动。刚打算期末开干,新冠疫情却跟我们开了个不小的玩笑。突然间,师生大范围出现"首阳",正常的线下教学被迫改为线上,期末测试也用过程性评价替代,一个学期就这样匆

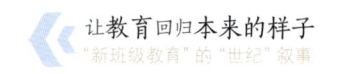

忙地结束了。教导处手上也没任何数据，心里没底呀。大家一致决定开学后的第一个月的阶段数据一定要收集，学生的单元综合练习我们要好好分析。

新学期如约而至，第一次单元练习结束，数据汇总到了教导处，要参加统测的两个班和其他几个班语文数学学科差异明显，甚至数学学科都出现了不合格。教导处朱蕾老师找到分管教学的楼说行副校长，一交流，大家都感到了形势的严峻。离最后的毕业测试只剩三个月时间了，如果在这个阶段我们再不拿出对策来，要打漂亮的仗几乎就没有可能了。

正在冥思苦想对策的时候，俞国娣校长给朱老师打来了电话。俞校长的开场白就是："教学质量是学校的生命线。"接着说，"崇文在上城的办学已经打响了品牌，不管是在学生德育还是在教学质量上都已经展现了自己的实力，我们跨江发展，学校的教学模式有没有可复制性，能不能展现自己独有的魅力，这次统测是关键。目标就是萧山第一。"

掷地有声，明确了目标：萧山第一，没有第二条路。

于是"萧山第一"项目组应运而生。

▫ 多方齐助力

项目组成立的第一件事，召集六年级的学科任课教师、学科组长开会。会上明确了目标，统一了认识，老师们还进行了一次头脑风暴。每个人各抒己见，集思广益，想出了很多好办法。大伙组建了一个群，在大家的提议下，楼副校长直接把群名改为"萧山第一"。通过这个群老师们可以及时沟通，有问题有困难及时提出来，便于教导处解决。

崇文人崇尚团队协作，靠一个人的力量是肯定无法完成这个艰巨的任务的。团队协同一起助力。

六年级一定是这次的主力团队，测试是放在六年级，每一位老师都是责任人，日常教学的把握都需要老师们一起研讨。

第二个团队就是学科组，语文、数学、科学、英语组都行动起来。学科组有三个规定动作，每一次单元练习学科组教师坐在一起流水批改，在批改中才能更好地促进班级间的互相学习，关注学生的书写以及答题规范。第二个规定动作是每一个阶段学科组都要统计分析数据，讨论优势和不足，明确下一阶段的方向。第三个规定动作就是所有的复习资料多次讨论修改，所有复习资源共享，为的是复习资料精挑细选，有的放矢，避免教师经验不足。

第三个团队就是班级共同体，班主任每周都会召集任课老师开班级教导会议，对各科学业情况进行交流，了解学生的情绪状态，也会对作业整理个辅时间进行分配。如果遇到困难，班主任也会负责收集反馈给教导处。

成绩不能依靠刷题换来

要把好教学质量，抓两头，学生一定是重点。各科老师日常的培优补差自己包干，还利用自己的课余时间为有需求的孩子打造专属的个性定制课程。一位老师只负责三到五名学生，精品化个性化，所有个性定制课程里的指导材料都经过多次打磨，全面而有针对性。课后教导处也会几个执教老师坐在一起研讨，确定进一步需要巩固的知识点，采用螺旋复习的方式。世纪崇文始终坚持刷题老师来，功课老师做，方向老师探，弯路老师走，让学生做的每一道题都是有价值的，每一次老师讲的要点都是有意义的——这样才能真正落实轻负高效。学生的轻负担的背后是教师团队的主动加码。

教导处作为项目组的管理部门，需要做好实时调控。每个阶段，教导处必做的一项工作就是读数据。人们常说：管教学的要能读数据，要能看出数据背后隐藏的问题在哪儿。"萧山第一"群里的小伙伴没少被教导处催促。每个阶段教导处都会问大伙儿要数据，和老师们一起分析每一个数据。科学组的问题就是在期末的数据中发现的，6月的一次模拟练习，大量的学生科学成绩不佳，一分析最主要的原因是六上的知识遗忘太多了，这时候离最后的测试时间只有短短两周了。紧急召开了科学学科组会议，制定了策略，增加科学的个性定制课程，责任到人。就是因为及时发现问题，及时解决了，科学成绩稳步提升。

世纪崇文传承了崇文的教育质量观，始终坚信，优异的成绩不是建立在机械重复的作业基础上的，只有全面的发展才是可持续的高质量发展。在整个复习迎考期间，学生们没有少上一节艺体类的课，年级篮球联赛照常进行，每天的回家作业也严格控制在一个小时。追求全体学生的全面发展，不以牺牲学生的身心健康为代价换取优异的成绩，是崇文人的价值取向，也是世纪崇文始终践行的。

"萧山第一"群里的欢呼还在继续，大家的激动之情溢于言表。我想，他们有资格欢庆，因为他们交出了一份轻负高质的优异答案；我欣慰，崇文世纪城的团队虽然年轻，但有冲劲有干劲。我们是崇文铁军，我们会始终怀揣坚韧不拔的创业精神，把学生教育好。百舸争流千帆竞，勇立潮头敢为先。

故事28

教育均衡更向深处行

2021年元旦那天，俞国娣校长去了淳安富文乡中心小学，参加"儿童友好"论坛。同时，崇文教育集团"新班级教育"，在那里挂牌。她希望把"新班级教育"实践的成果，带给那里的孩子们，让乡村的孩子们也能和城市里的孩子们共享优质教育资源。

俞校长常说自己是一名从乡村走出来的城市教育工作者，对于城乡教育的均衡发展，她有更多的关注与思考。特别是2018年崇文教育集团成立后，在"四校区多中心"发展格局的支撑下，为更好地落实乡村教育振兴战略，崇文更加深入地参与乡村教育帮扶实践，积极致力于"新班级教育"模式的推广与多元转化，努力传播"新班级教育"改革思想，结合不同地区、不同学校的办学实际提出具有地方和学校特色的"新班级教育"改革方案，将"新班级教育"在乡村学校进行转化实施，成效显著，为城乡教育一体化发展提供了新思路，为城乡教育均衡发展提供了重要助力。

淳安富文乡中心小学的"新班级教育"转化和崇文世纪城的"新班级教育"嬗变都始于2018年，经过五年的探索，成为"新班级教育"在城乡教育一体化发展中的两个不同样板。

□ 崇文世纪城的"新班级教育"嬗变

崇文世纪城,是"新班级教育"的跨江之作,顺应了郊区农村城市化转型的教育均衡需求。

作为一名萧山人,我至今还记得第一次走进崇文世纪城的工地时,几名萧山籍工人对学校早日建成开办的那种殷切之情,他们说:"萧山人有钱了,都想让孩子上好学校,有了好学校,萧山的土地就更值钱了。"

老百姓的表述是朴素的,但说明了教育在城市化进程中的作用。教育是城市发展的火车头,是城市发展的内在动力、内在要求。城市要发展,必须先搞好教育,提高居民素质,建立城市文化;居民素质提升了,又会期待更好的教育。因此,钱江世纪城牵手崇文的时候,引入的并不仅是"新班级教育"的教学体系,还包括"新班级教育"的文化和家校社协同育人的教育生态。

其实,在崇文世纪城还在建设的时候,崇文与钱江世纪城所在的萧山宁围街道的合作就开始了,为宁围辖区内的四所小学包括宁围小学、万向小学、盈丰小学和江南小学提供学校行政管理、教师专业培训、课堂教学研讨、校本课程建设等方面的资源与指导。这是"新班级教育"在城乡均衡发展中最常见的样态。

崇文世纪城则是一种开创,是城市优质学校直接参与创办一所新城新学校。从学校建设到运营管理,它的一切都是新的,都是"新班级教育"的。这也为城乡教育均衡发展提供了一种全新的可能性。崇文世纪城从一开始就有较高的起点,在发展的过程中,同时成为区域优质教育的辐射点。通过与世纪实验小学结成"世纪"联盟,开启学校管理、教师培训、课堂教学、课程建设等领域的全面合作办学,助力世纪实验小学办学品质提升。

□ 最美乡村小学的"新班级教育"转化

乡村小规模学校是当前乡村教育的重要形态，也是乡村教育发展的短板和重要着力点。

2018年，作为主要指导方，崇文教育集团参与杭州市淳安县富文乡中心小学的教育建筑设计改造工作，援助教学装备；带领工作组进驻富文乡中心小学，转化崇文"新班级教育"课程体系，研讨学校改造和课程实施方略；组织富文乡中心小学教师进驻崇文实验和崇文世纪城两个校区，开展为期一年的专业培训；从学校建设、师资、课程等方面多管齐下，为打造"小而美""小而优"的乡村学校做贡献。

在富文乡中心小学的改建中，有很多地方都吸取了崇文世纪城的建设经验。比如，富文乡中心小学教室朝山一面的窗户都用了落地玻璃，正是借鉴了崇文世纪城的做法，让孩子能够与自然有更多的交流、融合。一开始，富文乡中心小学的老师还担心落地玻璃会让孩子上课分心。俞校长说，这个问题很好解决，装上窗帘就可以了，需要的时候拉起来，但多半是用不上的。后来的实践表明，俞校长对孩子们的判断是正确的，老师们的担心是多余的，窗帘也一次没有拉上过。

认识儿童，不分农村与城市。为了实现富文乡中心小学的"换道超车"，除了进行校舍改建外，更重要的是对学校原有老师教育理念进行更新，让他们也学习认识儿童。崇文教育集团先后接收了富文乡中心小学的12位教师跟岗培训，主要学习包班教学。目前，富文乡中心小学采用"新班级教育"模式，6个班全部包班制，两位老师包一个班，以前老师只上一门课，现在包班的老师一人上两门课。学习的内容，除了国家课程外，还融入了孩子们的家乡和生活。淳安竹马、富文草编都成了孩子们的课程内容，乡村里年长的手艺人也被请进学校，和学校老师搭档，成了孩子们拓展课的先生。

有趣的是，这种"工匠+教师"的一加一模式，也被用在世纪城的社团选修课上，乡村教育和城市教育在均衡互动中互补。

做"领头羊"，不做"孤勇者"

长期与乡村学校的合作交流、结对帮扶，崇文对当前乡村教育改革所存在的困境有着较为充分的认识，而"新班级教育"倡导的诸多改革理念又正好与乡村教育发展的内在需求和改革远景不谋而合。有鉴于此，崇文认为，将"新班级教育"思想与乡村教育实际相结合，让"新班级教育"走进乡村，实现"新班级教育"在乡村学校的在地化实践，是当前与今后推广"新班级教育"应坚持的发展方向。

"新班级教育"要做"领头羊"，而不是"孤勇者"。俞校长说，"孤勇者"太孤独了，走着走着就会心灰意冷了，而"领头羊"后面的羊群会越来越大，那时候，我们的教育就会越来越好了。

学校与余杭区良渚第三小学开展以"落实'优教'行动　践行美好教育"为主题的教学联谊活动

学校足球队和余杭区杭师大附属仓前实验小学足球队开展了足球联谊赛，共同营造"我参与、我运动、我快乐"的亚运氛围，促进搭建两校学生的深度交流

　　崇文世纪城在全面融入萧山教育、结盟萧山区世纪实验小学打造萧山"世纪"教育新高地的同时，也在成为区域乃至美好教育跨区辐射的"领头羊"。2023年，为了深入推进余杭区"美好教育工程"，促进城乡基础教育优质均衡发展，学校与余杭区良渚第三小学、杭师大附属仓前实验小学先后结为结对学校，在学校党建品牌建设、教学研修、师资培训、学生活动等方面展开校际交流与合作。

　　世纪崇文亦支持每一个崇文人化身"领头羊"。2020年2月，崇文王瑛老师前往雷山丹江小学支教。临行前，俞校长给王瑛老师写了一封信，是这样说的：把你33年丰富的教学经验毫无保留地传递给雷山的老师们，奉献给雷山的孩子们。需要教育教学的资料和资源，你尽管提出来，学校会想办法提供，学校是你前行的坚强后盾，支持你一路前行！

　　2020年11月3日，俞校长和徐岚、鲍寰宇、项镇南老师等一行8人，一同前往结对的贵州掌雷小学，开展深入的教育帮扶活动。

　　此时王瑛老师正担任丹江小学科研主任，负责教师培训工作。俞校长一直关心牵挂着王瑛老师，到达贵州后第一时间看望了王瑛老师，带去了全体崇文人的问候。

11月4日上午，在俞国娣校长的带领下，崇文一行8人来到贵州省雷山县掌雷完全小学，为掌雷的孩子们送上温暖和祝福。在捐赠仪式上，俞国娣校长用自己的亲身经历告诉掌雷的孩子们不要因为环境而气馁，未来充满着希望，一定要好好学习，终有一天一定会走出大山。一个个爱心包裹是崇文小海燕们的牵挂，他们牵挂远在千里之外的掌雷小伙伴们，他们希望自己的棉衣和书籍能够给素未谋面的小伙伴们带来冬日里的温暖。

在那次掌雷之行中，俞校长他们还遇到了一位特殊的"领头羊"——王律师，他是崇文的家属，从爱人那里得知世纪城结对的掌雷学校的情况后，自发每年组织律师志愿者团队前往掌雷支教。后来，王律师的儿子考上大学的那年暑假，父子俩一起去了掌雷学校，陪山里的孩子度过了一个快乐的夏天。令人欣喜的是，小王同学还是崇文的毕业生，"领头羊"的接力棒或许就会传到他这里。

"新班级教育"的羊群越来越壮大，教育均衡之路，将走向更远、更深。

后　记

又是一年中秋观潮时。作为浙江省首批"文化印记"之一，钱塘潮闻名国内外。观潮的风俗始于汉魏，盛于唐宋。观的不仅是潮，更有勇立潮头的弄潮儿。弄潮，成了钱塘人士的精神写照。

崇文是基础教育的"弄潮儿"。无论是世纪之交发轫的"新班级教育"实验，还是落地于崇文世纪城实验学校的"新班级教育"学习时空重构探索，崇文敢于先行先试。两个"世纪"，一个是时间上的，一个是空间上的，机缘巧合地呼应着"时空重构"。

马克思曾说过："时间实际上是人的积极存在，它不仅是人的生命尺度，而且是人的发展的空间。"学校教育的本质是培养人的活动，"学生"的要义就是学会生活、学会生长。人的生活、人的需要、人的身心发展是教育的根本，也应成为学校教育时空重构的出发与归宿。以书稿的编著为契机，笔者重新审视了崇文世纪城"学习时空重构"的过往、当下与未来，也对"新班级教育"定位为以"重构儿童学习"为核心的教育生态系统有了更全面的认识。

俞国娣校长在其著作《重构儿童学习："新班级教育"的时间探寻》中对"新班级教育"的生态系统做过具体而深刻的阐述，她指出：这一系统以立德树人为目的，以尊重儿童的学习和生活规律为前提，以"课程实施的综合化和实践化"为主线，以国家课程为主导，构建了"顶天立地"的课程体系，"顶天"即落实好国家育人目标、课程方案和课程标准；"立地"即充分结合学校和学生情况，创造性地架构了"轻负高质的基础课程""培育兴趣的拓展课程"及"激发潜能的定制课程"，最大限度地保障学生学习的权利，赋予学生极大的选择权。

感谢俞校长的高瞻远瞩、高位引领。崇文世纪城实验学校建校五年来，世纪崇文人始终在俞校长的带领下，积极构建"重构儿童学习"的生态系统，也积极辐射"新班级教育"经验，实践教育共富。为了保障"新班级教育"丰富多彩的课程能够落地实施，我们尝试"重构学习时空"，不断拓展学生学习的边界，形成了灵动开放的学习时空布局，师生可以根据学习需要灵活安排时间和空间。同时，为了用好评价"指挥棒"，落实"以评促学"的理念，我们根据《中国学生发展核心素养》，构建了具有崇文特色的"四力"素养评价体系，全方位、全过程、全景式跟踪评价学生学习。

其间，有许多感人至深、令人难忘的瞬间。我们将这些瞬间用"崇文故事"记录下来，构成了这本独特的"世纪"叙事。感谢俞国娣、楼说行、李慧、朱蕾、谢莹、陈通、赵怡、项镇南、孙启隆、庄锋迪、高雪菁、高琳芳、陈逸青、郑玲雅、翁夏初、李翠、陈翚、徐聪、朱莎、贺文、田雯、谢霞森、田甜、王颖、王启茹等老师在繁忙的教学工作之余，提供故事素材，甚至有的故事就发生在他们身上。

更要感谢长期以来关心关怀学校成长、对学校改革鼎力支持的各级领导和众多专家学者，感谢他们的倾力指导。感谢萧山区教育局章建平局长拨冗为本书作序。感谢文汇出版社的编辑们不辞辛苦，对书稿进行精心雕琢。

成书虽几易其稿、字斟句酌，但限于时间，限于笔力，书中难免舛讹蠡测之处，敬请读者批评指正。

叙述及此，适逢杭州第19届亚运会隆重举行。秋分时，钱塘世纪城亚运村，万名运动员欢聚一堂、抖擞弄潮；寒露临，荷桂交接，"弄潮儿"送别八方来客。亚运"涌潮"为钱塘秋涛添了一笔"@未来"的注脚。后亚运时代，"新班级教育"更将在世纪崇文，薪火相传，爱达未来。是为后记。

谭鹏飞
2023年10月